健康中国之全民健身运动系列丛书

气排竞风流
——大众气排球

QIPAI JING FENGLIU

DAZHONG QIPAIQIU

主编 宋元平 杨荣刚 宋玉婷

苏州大学出版社
Soochow University Press

图书在版编目(CIP)数据

气排竞风流:大众气排球 / 宋元平,杨荣刚,宋玉婷主编. —苏州:苏州大学出版社,2020.9
(健康中国之全民健身运动系列丛书)
ISBN 978-7-5672-3296-9

Ⅰ.①气… Ⅱ.①宋… ②杨… ③宋… Ⅲ.①排球运动-基本知识 Ⅳ.①G842

中国版本图书馆 CIP 数据核字(2020)第 161951 号

书　　名:	气排竞风流——大众气排球
主　　编:	宋元平　杨荣刚　宋玉婷
责任编辑:	管兆宁
装帧设计:	吴　钰
出版发行:	苏州大学出版社(Soochow University Press)
出 品 人:	盛惠良
社　　址:	苏州市十梓街1号 邮编:215006
印　　刷:	丹阳兴华印务有限公司
E - mail:	sdcbs@ suda. edu. cn
邮购热线:	0512-67480030
销售热线:	0512-67481020
开　　本:	787 mm×960 mm　1/16　印张:12.25　字数:201 千
版　　次:	2020 年 9 月第 1 版
印　　次:	2020 年 9 月第 1 次印刷
书　　号:	ISBN 978-7-5672-3296-9
定　　价:	39.80 元

凡购本社图书发现印装错误,请与本社联系调换。服务热线:0512-67481020

健康中国之全民健身运动系列丛书
编委会

顾　问　王家宏　周志芳
编　委（排序不分先后）
　　　　陈　俊　季明芝　陆阿明
　　　　张达人　陈瑞琴　朱文庆
　　　　宋元平　马　胜　徐建荣
　　　　王正山　张宗豪　王　政

前 言

　　气排球是我国土生土长的一项新型的群众性排球运动项目,1984年,气排球运动起源于呼和浩特铁路局集宁分局,最初只是为了丰富老年人的业余生活,锻炼老年人的身体。气排球运动发展至今已有近36年的历史,由当初的几名离退休职工扩大到现在全国参与人数超过3.5亿人,参与群体逐渐趋向大众化和年轻化。相对于传统排球,气排球运动适合于各个年龄段人群,有、无排球基础的人都可以投入其中,体验气排球运动的乐趣。2017年,气排球成为天津全运会19个群众体育比赛项目之一,具有广阔的市场发展前景。

　　本书以大众气排球基础知识和实践性运动指导为核心,介绍气排球运动的起源与发展、气排球运动的特点与功能、气排球运动中的自我监督、气排球运动中常见损伤的治疗与预防以及各类人群进行气排球健身的相关知识。另外,本书对气排球运动训练与参赛,气排球竞赛与裁判工作,气排球队组建、管理与比赛指挥等实用性内容也进行了详细阐述。通过本书的阅读,你可以了解气排球运动的基本知识,掌握气排球运动的基本技能,在锻炼过程中"少走弯路",避免不必要的运动伤害,显著提高锻炼的效果。

　　本书在编写时特别注重理论与实践的结合,在编排上尽量体现层次性和实践性,避免与同类出版物雷同;本书注重引进先进的理论、观点、方法及最新研究成果,努力创编气排球学习的内容,突出大众性与前瞻性,为气排球运动的推广、普及与发展,提供有益的参考和服务。

　　本书由宋元平(苏州大学体育学院教授)、杨荣刚(合肥市第二中学体育组组长)、宋玉婷(上海外国语大学体育部讲师)主编,全书由宋元平教授统稿。

具体编写分工如下：宋元平，第一、十章；杨荣刚，第二、四、六、九章；宋玉婷，第三、五、七、八章。苏州大学体育学院研究生邓佳伟、武周、徐嘉鑫、翟雨佳、张寅涛参与文献搜集、资料整理及部分编写工作。视频拍摄和技术示范由苏州大学体育学院排球专项学生朱贝儿、练诗缓、邓佳伟完成。在此一并表示感谢。

苏州市排球协会秘书长朱文庆以及苏州市排球协会常委刘星、徐冉、张恺、韩健等同志对本书的编写给予了大力支持和帮助，谨致谢忱。

本书是气排球大众普及类用书，也可作为气排球运动爱好者的自学参考书，还可用作学校体育课气排球相关课程的教材。真切地希望本书的出版能为喜爱气排球运动的各界人士提供帮助。

在编写过程中，作者查阅、参考和引用了大量的相关文献，在此对前辈、同行以及对本书出版给予关心和支持的苏州大学出版社表示诚挚的谢意。由于我们水平所限，书中难免有错误和疏漏之处，敬请专家和读者批评指正。

编　者

2020 年夏夜于苏州

目 录

第一章 了解气排球

第一节 气排球运动的概况 …………………………………… 001
第二节 气排球运动的特点与功能 …………………………… 011
第三节 如何快速获得气排球的"球感" ……………………… 015

第二章 气排球练出健康

第一节 气排球的健身原则 …………………………………… 017
第二节 不同年龄人群如何选择合理的锻炼负荷 …………… 019
第三节 气排球运动注意事项 ………………………………… 022
第四节 气排球运动中的自我监督 …………………………… 023

第三章 气排球天天练

第一节 气排球技术与练习 …………………………………… 027
第二节 气排球战术与练习 …………………………………… 044

第四章　气排球运动的损伤与防治

第一节　气排球运动的损伤分类 …………………… 064
第二节　气排球运动的身体不良反应与防治 ………… 065
第三节　气排球运动的损伤防治 …………………… 073

第五章　不同人群的气排球健身

第一节　青少年气排球健身 ………………………… 081
第二节　成年人气排球健身 ………………………… 084
第三节　老年人气排球健身 ………………………… 086
第四节　慢性疾病患者的气排球健身 ……………… 090

第六章　气排球锻炼与身体素质练习

第一节　气排球锻炼与弹跳力练习 ………………… 099
第二节　气排球锻炼与速度练习 …………………… 104
第三节　气排球锻炼与力量练习 …………………… 110
第四节　气排球锻炼与柔韧性练习 ………………… 116
第五节　气排球锻炼与灵敏性练习 ………………… 119
第六节　气排球锻炼与耐力练习 …………………… 124

第七章　气排球运动的日常训练与参赛

第一节　气排球运动的日常训练 …………………… 130
第二节　气排球比赛注意事项 ……………………… 136

第八章 气排球竞赛规则与裁判工作

第一节 气排球比赛方法与主要规则 …………………… 140
第二节 气排球裁判工作程序 …………………………… 143
第三节 气排球裁判员的手势与旗示 …………………… 146
第四节 如何快速成为气排球裁判员 …………………… 149
第五节 六人制气排球竞赛规则 ………………………… 152

第九章 气排球队组建、管理与比赛指导

第一节 气排球队的组建与管理 ………………………… 157
第二节 教练员比赛指导 ………………………………… 162

第十章 气排球运动常见问题与经典案例

第一节 气排球运动常见问题 50 例 …………………… 166
第二节 气排球裁判临场执哨经典案例 20 例 ………… 177

第一章 了解气排球

第一节 气排球运动的概况

一、气排球运动的起源与发展

气排球是中国人发明的,它在保留排球运动所有特性的同时,打起来更为简单、容易,气排球对于排球运动的普及和推广功不可没,在发明和设计环节充分融入了中国人的智慧。下面就让我们来了解气排球的真面目吧!

气排球运动项目诞生于 1984 年,由内蒙古集宁铁路分局首创。当时,为了便于老年人开展体育活动,铁路分局组织离退休职工在排球场上打特制的气球,随后又参照 6 人制排球比赛规则制定了简单的比赛规则,并将这项活动取名为"气排球"运动。气排球用软塑料制成,比赛用球重 100~120 克,圆周长 76~78 厘米,颜色一般为黄色,比赛场地为 12 米×6 米,男子比赛网高约 2 米,女子网高约 1.8 米,参赛队员每队为 5 人,其打法和计分方法与 6 人制排球比赛基本相似。

集宁铁路分局这一次成功的尝试,不但满足了离退休职工对集体项目娱乐与健身的需求,而且开创了世界排球家族新成员——气排球的先河。1984 年至 1990 年,是气排球运动初步形成的阶段,在这个时期除了呼和浩特等地开展气排球运动外,我国其他地区较少接触。进入 20 世纪 90 年代,气排球运动步入了改革探索阶段:1991 年,在北京举行了全国铁路老年体育工作会议,集宁分局的同志赴北京做气排球表演,引起与会者的极大兴趣,会议决定在全国老年人中推广气排球运动；火车头体协依据排球规则，编写了第一本《气排球比赛规则》，随后在上海特制了比赛用球。1993年，国际奥委会主席萨马兰奇在看了气排球表演后给予了高度赞扬并表示：气排球运动很好，它既适合老年人，也适合中年人和青少年，国际奥委会不能光搞竞技体育，也要搞全民体育和体育教育。由此可见，气排球运动有望发展成为一项世界性的大众休闲健身运动。

  1992年3月，在石家庄举办了第一期全国气排球学习班，同年11月，在武汉举行了首届全国老年人气排球比赛。1993年3月，火车头老年人气排球协会在北京正式成立，同年7月，第2届老年人气排球比赛分别在齐齐哈尔和锦州举行。从此，气排球运动在全国铁路系统中迅速推广。1998年以后，气排球运动进入了蓬勃发展的阶段，我国许多地区都开展了这项运动。尤其广西、福建、河南、甘肃等地的气排球运动开展得如火如荼。从广西近年来开展气排球运动的情况来看，每年大、小比赛不断，有社区气排球比赛、职工系统气排球比赛、高等院校气排球比赛等，目前南宁市正在组织一个"千队万人"气排球比赛，口号是"全民健身与奥运同行"，将此项目推向了一个新的层次和高度，就连四年一度的广西运动会也将气排球设定为正式的比赛项目。由此可见，气排球运动在广西大众心目中的地位和喜爱程度。福建的有些地方还成立了气排球甲级队，如华侨大学等。在甘肃的河西走廊，掀起了一股"气排球热"，每逢节假日或休闲时间，在气排球比赛场上，既有白发苍苍的老年人，又有朝气蓬勃的青年人和中小学生，处处呈现出参加气排球锻炼的热闹场面。

知识窗1：草根气排球爱好者的心声

  70岁的工人张宣华自退休后，一心扑在群众体育工作上。开始，他与几位好朋友组建了一支气排球队，不仅自己参加活动，还热心辅导别人，在他的带领下，参加气排球活动的人越来越多，活动场面已成为杭州市临安区一道亮丽的风景线。5年前，在市气排球协会的支持下，张宣华不顾年事已高，积极奔走在村与村之间，宣传参加气排球活动的好处，他每到一处，亲自画线，改制球网，利用废旧车轮胎和钢管制作网柱。老张告诉笔者："气排球是一项适合中老年人的活动，它的好处可以归纳为八个字：健身交友，愉悦身心。"

屠应芳是浙江农民大学的一名职工，她原来不会打气排球，在丈夫陈建安（市气排球队队员兼裁判）的鼓励带动下，2015年开始学习气排球，在活动中增长了很多做人、做事的知识。目前，她不仅在本校组建了气排球俱乐部，还积极参加市气排球协会的联络、策划、接待工作，常年自驾车协助张宣华、陈建安等人下乡镇修建场地、安排器材和做技术指导。当笔者问她，自己开车，没有报酬，不顾炎热和寒冷奔波于大山、小村之间，图的是什么。她爽快地说，要发展一项事业，就要把家庭力量都动员起来，我愿意为气排球运动不懈努力，无私奉献。这就是一个气排球爱好者的心声。

2004年10月23日—26日，由中国老年人体协组织，中国老年人体协和浙江省丽水市人民政府联合举办了"利群杯"全国首届老年气排球比赛，来自全国23个省、自治区、直辖市、计划单列市、全国性行业共44支代表队参加，这使得气排球的影响力进一步提升，确立了气排球在全民健身中的地位。2008年，中国老年人体协正式将气排球改名为老年气排球；同年11月，第五届全国比赛正式用"老年排球"命名。2010年春节，时任国务院总理温家宝在广西壮族自治区视察期间，在2月12日晚饭后步行到东兰县中学看望教职工，并和他们一起打了气排球。

2011年6月4日，中国工程院院士、"杂交水稻之父"袁隆平担任了新一届湖南省气排球运动协会名誉主席。袁院士过去喜爱游泳，现在则爱上了气排球，在研究中心每年举行的职工气排球比赛，他都亲自上场。袁院士说："气排球这项运动很好，适宜中老年健身锻炼，应该大力推广这样的运动。"2009年6月，在泰宁县举办的华东区气排球邀请赛前夕，袁院士亲笔题词"大力发展气排球运动，促进全民身体健康"。

2011年8月15日，中国老年人体协主席张发强会见国际排联终身荣誉主席魏纪中先生，魏主席高度评价气排球运动，并欣然题词"老年气排球运动好"。

2011年10月27日，中国老年人体协气排球专项委员会授牌仪式暨第一次会议在广西南宁举行。中国老年人体协主席张发强向气排球专项委员会主任、江苏省老年人体协常务副主席孔庆鹏授予"中国老年人体育协会气排球专项委员会"标牌并作重要讲话。中国老年人体协副主席曲志东宣布新增补中国老年人体协气排球专项委员会委员名单。亚洲排球联合会副主席、国家体育总局排球运动管理中心竞赛部部长蔡毅到会祝贺。孔庆鹏作题为"把老年气排球运动做大做强而努力奋斗"的工作报告。

2012 年 12 月 26 日,在全国老年人体协气排球专委会第二次会议上,张发强提出:推广气排球运动、传播气排球文化、弘扬气排球精神、开发气排球产业。

目前,气排球运动的管理形式,由中国老年人体协独立管理逐步转向中国老年人体协、国家体育总局社会体育指导中心和国家体育总局排球管理中心三位一体的管理形式。这样,有利于各级老年人气排球专项委员会(或协会、联谊会、小组)得到社体中心和排球协会的帮助、支持,便于开展工作。同时,也可行使气排球会员的义务与权力,促使各级老年气排球组织的建立,如:成立全国和各省、市、区、行业等老年人体协气排球专项委员会、气排球协会等。

全国性气排球比赛的办赛形式,由中国老年人体协独家组织转向由各基层气排球专业委员会、协会等联合办赛的形式,给各级基层气排球队(特别是没有机会参加全国高水平比赛的球队)搭建了一个相互学习、交流的平台。经费支出由公费为主过渡到自费为主或公费、赞助、自费相结合。参与活动的意识也由"要我活动"逐步演变为"我要活动"。气排球运动的活动内容由比赛为主的形式,逐步向比赛与文化(书法、摄影、诗歌)、论坛(研究、评论、报告)、旅游(参观、游览、访问)等休闲体育相结合,提高参与者人文素养的方向转化。气排球不但适合中老年人活动,也可推广到青少年群体中。气排球走进学校、走进社区、走进公园、走进群众中,可以使人们在气排球运动中发现自我的价值,增强自信心,加强人与人之间的沟通和交流,促进身心全面健康发展。气排球运动也为全民健身的发展提供了新思路,具有广阔的市场发展前景。

知识窗 2:山东省气排球交流活动的新尝试

2019 年 1 月 19 日,在山东省淄博市临淄区齐鲁石化体育活动中心内举行了一次别开生面的气排球交流活动,周边地市 15 支男女中老年气排球队伍 100 余人参加。这次交流活动是由山东省老年人体协气排球专委会倡议发起的,齐鲁石化离退休工作部活动中心承办。这次活动有以下几个显著特点:

1. 打造一小时路程活动圈。这次来参加交流活动的淄川、滨州、青州三个地市离临淄 25~50 千米,开车时间在 50 分钟到 90 分钟之间。

2. 活动形式简单、灵活。这次交流活动为什么不叫比赛而叫活动,就是为了体现自由、灵活、快乐的气排球活动宗旨。组队只报队名,不报名单,不报领队、教练,中年、老年组年龄要求宽松,可以互相替换,甚至男女也可以交叉替换。交流活动在两片场地上进行,活动队伍不超过 16 支,只进行小组循环,每支队伍只打 3 至 4 场球,交流活动结束后也没有发奖仪式,各队队员互相握手告别,各奔前程。

3. 活动费用低,人人都能承担。这次交流活动把开幕式、奖品、颁奖、裁判费用、住宿费用、交通费用全部省了下来。每个队员只承担中午 18 元的盒饭费用和平均每人 10 元左右的交通费用。花三四十元钱,参加一次开心快乐的气排球活动,大家都能接受,承担得起。

4. 重在参与,广交朋友。这次气排球交流活动一开始就定出了"自由、自愿、随意、灵活、重在参与"的活动原则,参加者带着轻松愉快的心情而来,由于性别、年龄、规则、球艺水平等方面限制较少,感到打球没有压力,可以充分发挥出自己的水平来。通过参加交流活动,中老年人扩大了视野,增加了社交范围,互帮互助,对老年人克服孤独寂寞、健身快乐大有益处。

5. 激发了基层气排球队伍参赛的热情。以往省内组织的比较正规的比赛,都是以地区(市)为单位参加,很多县域单位很少有机会参与。这次交流活动确定一个中心发起单位,发起单位只负责联系场地和就餐地点,周边县市都可以组队参加。这样,县域之内的气排球队伍就有更多的机会参加活动。按此,任何一个县市都可以自己为中心,在周边发起新的交流活动,从而激发了基层单位参加气排球活动的积极性。

6. 促使气排球活动回归初心。36 年前,呼和浩特几个退休的老同志发明气排球的初心就是为了健身娱乐。像这次活动，本着开心快乐的宗旨，不计较名次输赢，不在乎奖杯奖品，不在意水平高低，无论男女，没有一个为争球、争分和裁判、对方队员起纠纷的。只求打得高兴，玩得尽兴，把一切名利、烦恼统统抛到九霄云外，回归童心，回归气排球初心，受到了参与者的高度赞扬。

知识窗3：桂林市气排球国标项目比赛方兴未艾

广西是气排球运动开展较早的地区，由自治区体育局制定了完整的规则，简称"桂标"，其用球为胶质球。2018年10月，国家体育总局下属的排球协会在向全国推广气排球运动时，也制定了一套规则，简称"国标"，其用球为布质球。多年来，广西的大多数气排球比赛都使用桂标，广大气排球选手也已接受和习惯了桂标，而对国标使用布质球总是不习惯，因而产生了抵触。由桂林市体育局主办、桂林市排球协会承办的2018年桂林市第十三届气排球比赛，同时设置了国标和桂标两个项目的比赛，国标采用中国排球协会审定规则，打"宇生富"牌布质气排球；而桂标采用广西规则，打"恒佳"牌胶质气排球。分设国标和桂标两个项目组比赛，既照顾了习惯桂标的人群，又同时照顾了新生事物，有效地调动了气排球爱好者的参赛积极性。

值得一提的是，参加国标项目比赛的队伍达56支，有672名选手参赛，其参赛队伍比桂标项目的54支还多2支，参赛选手比桂标项目的648人还多24人。如今在广西，老年活动站、工厂食堂、街头公园，随处可见打气排球的人们，参与方式多种多样。气排球运动作为一种大众娱乐锻炼项目，已经建有"气排球论坛""气排球QQ群"等交流群，受到广大群众的欢迎。

二、气排球竞赛规则的演变与发展

气排球运动源于游戏，游戏需要规则。1991年10月，中国火车头老年人体协通过考察，编写了我国第一本《气排球竞赛规则》，同时在上海特制了"老火车头"牌比赛用球（图1-1）。比赛规则和比赛用球的问世，标志着气排球运动已初具规范。

《气排球竞赛规则》参照6人制排球规则的内容和框架，确定了五章十八条条款。以后，分别在1996年10月、1998年6月、1999年6月、2003年11月进行了四次修改。

2005年6月14日—16日，全国老年气排球裁判员培训班在福建莆田湄洲岛召开，与会代表对老年气排球竞赛规则、裁判条例、技战术进行逐章、逐节、逐款的讨论、研究。2005年7月，由中国老年人体协审定推出了《老年气排球竞赛规则》，对气排球运动在全国范围内开展竞赛起了统一标准作用，并在全国比赛中试行，进一步指导和规范气排球的各项赛事。

图1-1 "老火车头"牌气排球

2013年11月，由中国排球协会审定，北京体育大学出版社正式出版了《气排球竞赛规则》（2012—2016年）。2014年12月，由国家排球运动管理中心主办的第一届晋升国家级气排球裁判员学习班在福建漳州体育训练基地举行，中国排球协会正式介入指导气排球运动的开展。

随着气排球运动的普及推广，越来越多的人参与到这项运动中来，为满足不同群体气排球爱好者的用球需求，近年来，国家体育总局下属的排球协会在向全国推广气排球运动时，也制定了一套规则，简称"国标"，其用球为布质球（如"宇生富"牌），并在全国范围内推广使用。

2016年11月，由中国排球协会审定，北京体育大学出版社再版了《气排球竞赛规则》（2017—2020年）。2018年12月26日，教育部学生体育协会联合秘书处正式下发了《关于印发2019年全国学生体育竞赛计划的通知》，气排球被正式列入了《2019年全国大学生体育竞赛计划》，并于2019年9月份举办了全国大学生气排球锦标赛。表1-1为2019年全国大众气排球部分赛事方案表。

气排竞风流——大众气排球

表 1-1 2019 年全国大众气排球部分赛事方案

（以中国排球协会官方网站正式发布的竞赛规程的时间为最终比赛时间）

序号	赛事名称	举办时间	举办城市	举办场馆	承办单位
1	"超级杯"全国气排球联赛	4.25—4.27	江苏苏州市	苏州市相城区体育艺术馆	苏州市排球运动协会、江苏楷旗体育文化有限公司
2	"超级杯"全国气排球联赛	5.10—5.12	陕西西安市	西安体育学院	陕西省排球协会
3	"超级杯"全国气排球联赛	5.17—5.19	广西北海市	北海市工人文化宫综合球馆	广西省社会体育运动发展中心
4	中国气排球公开赛	5.24—5.27	浙江温岭市	温岭市体育馆	浙江温岭市体育局
5	中国气排球公开赛	5.30—6.2	浙江绍兴市	绍兴市奥体中心	浙江绍兴市排球运动协会
6	"超级杯"全国气排球联赛	6.14—6.16	江西鹰潭市	鹰潭市体育中心	江西省社会体育指导中心
7	"超级杯"全国气排球联赛	6.21—6.23	山东曲阜市	曲阜师范大学体育馆	山东曲阜师范大学、微山翁乐体育文化交流中心
8	"超级杯"全国气排球联赛	7.5—7.7	湖北恩施州	恩施州民族体育馆	湖北恩施州气排球协会
9	全国青少年气排球夏令营	7.17—7.25	甘肃兰州市	兰州市体育运动学校	甘肃省兰州市气排球运动协会
10	"超级杯"全国气排球联赛	9.21—9.22	福建厦门市	厦门市集美区杏林文体中心	福建省排球协会、厦门市集美区体育总会、厦门市排球协会
11	"超级杯"全国气排球联赛	9.27—9.29	安徽池州市	池州市体育中心	安徽池州市体育发展有限公司

近几年来，气排球运动发展的新动向是：国家体育总局大力推动把气排球比赛打造成中国群众体育的精品赛事，积极支持让气排球运动走向世界。气排球是我国自主创新发明的一项排球衍生项目，国内对气排球运动的相关研究带有一定的民族性，应抓住机遇，向亚排联宣传、推广气排球运动。亚洲排球联合会副主席、国家体育总局排球运动管理中心竞赛部主任蔡毅说：已经在考虑如何把气排球首先在东亚推广，希望在竞技排球和气排球之间找到一个接入口，让我们的竞技排球继续站稳脚跟，也让我们的气排球走出全国，走向亚洲，走向世界。

知识窗4：气排球入门训练注意事项

气排球的特点是：球轻，容易飘，加力时不好控制，掌握不好就容易出线。因此，练习气排球时要注意以下几点：

一、基本功

1. 垫球。

气排球和传统排球不一样，场地小，球轻，容易飘，垫球时大多数人喜欢转换成"捞球"的动作，传球的动作几乎没什么太大变化。

2. 扣球。

手臂不要像棒子那样去击打，不然你扣的球就会飘出界外。诀窍是鞭打下压，让球产生旋转，击球点在球上方，手要包住球。（快、准、狠、下压）

3. 发球。

推荐男子采用大力勾手发球方式，相信很多人有所体会，这种发球，球一过网，就会马上急剧下降，而且速度很快。还有一种是站在对角线的大力鞭打发球，气排球的场地很小，力量足的，可以站在对角线发球，延长发球距离。

推荐女子采用上手飘球发球方式，该发球方式安全、稳定，不需要用很大力。尽量缩短击打球的时间，击球点在中间偏下位置。

二、练习要点

1. 要学会让发球产生前旋。有些球过网之后会迅速下降，是因为球前旋后会急速下沉。手掌以及手指，在接触球的瞬间前压让球产生前旋，这个动作需要慢慢琢磨，这是破坏一传的重要技术。

2. 扣球和发球的时候，手掌和手指自然放松张开，切忌僵硬绷紧，尽可能最大面积地接触球，击打球的中上部位，这样发出的球方向才准，扣球才能避免飘出去。

3. 发球时抛球平稳，抛在身体右前方，击球高度和头顶平行或者高于头顶，切忌抛球不稳定。

4. 发球和扣球需要侧身，才能挥臂发力，这是排球发力的重点。侧身引体，通过转体带动小臂挥臂，手腕下压，瞬间发力。

5. 发挥身体核心部位的力量，保持重心在前方偏下。

三、打球禁忌

1. 禁忌一，大力扣杀。经常看到一些年轻人，像扣传统式排球那样扣球，结果是球跟大力发飘球一样飞远了。

2. 禁忌二，扣球不要着急下手。很多人进攻时急于扣球，脚很容易踩到2米线上去了（传统排球是3米线）。

3. 禁忌三，虽然发球通常可以直接得分，但还是建议发球稳扎稳打，避免失误。

4. 禁忌四，不要着急得分。比赛中一旦产生了急躁情绪，就容易动作变形，失误丢分。

四、注意要点

1. 扣球时手要包球推腕，球会有明显的下降弧度。

2. 击球点一定要高于球，不然，球会飘出去。

3. 防守时重心放低，但不是弯腰，而是屈腿。

4. 进攻时切忌踩2米线。

5. 打球要有耐心。一般赢球的队伍都是相当有耐心"打""吊"结合的。

五、接发球及防守站位

有时候，对于刚入行的初学者来说，必须提供一些站位图，他们才能更快明白自己的站位。

队员场上位置：双方队员均为前排三名，后排二名。前排左边为4号位，中间为3号位，右边为2号位，后排左边为5号位，右边为1号位。每局比赛开始，场上队员必须按位置表排定的次序站位，在该局中不得调换。在新的一局，每个队上场队员的位置可重新安排。

第二节 | 气排球运动的特点与功能

一、气排球运动的特点

（一）气排球活动易于开展

气排球运动最初就是一些离退休职工为了丰富业余文化生活，在传统排球的基础上发明创造出来的。现在气排球已经发展了36年的时间，那么，气排球的活动年龄层次有没有出现新的变化？是否依然以老年人为主？据福建省气排球运动协会调查，福建省气排球运动的参与者以55~60岁以上的中老年人占大多数，其次是40~45岁的中年人，再次是小于40岁的青年人。数据表明，气排球最初的活动人群就是以老年人为主，气排球作为一项大众健身项目还有很大的发展空间。

气排球球体柔和、弹性好，球网低，比赛场地较小，运动量适中，参与者不会产生手指挫伤、手臂疼痛、体力不支等顾忌。各年龄层次的人群均适合参与，可以说气排球运动老少皆宜。气排球运动可以加强不同年龄段人群的沟通和交流，是继软式排球后又一项具有亲和性的室内排球项目。亚洲排球联合会副主席、国家体育总局排球运动管理中心竞赛部主任蔡毅曾说：气排球没有直接的身体接触，对运动员的保护要强于其他球类项目，又讲究集体配合、团队精神，因而其对各个年龄层次的人群都很有吸引力。

（二）竞技性气排球比赛观赏性、娱乐性强

传统排球比赛对技战术的要求较高，不经过长时间的练习就不能组织起有效的比赛。比赛中经常会出现"谁发球，谁得分""一人发球众人看"的局面，比

赛既不激烈，又不具观赏性。

　　气排球运动则不然，对技战术的要求低，即使从未参加过气排球活动的人，也能很容易地加入气排球的比赛中。由于气排球弹性较好、质量轻、稳定性强，打球不易受伤，会使比赛回合增多且趋于激烈，其观赏性和娱乐性均得到提升，参赛者可以从比赛中感受到运动的乐趣。气排球色彩鲜亮、美观，运动负荷强度适中，比赛氛围轻松，技术动作五花八门，而且不容易失误，娱乐性强。

（三）提升自我意识水平、移情能力和社交技能

　　自我意识水平在现代社会人际关系中的作用具有一定的制约性，使得人与人之间的交往表现得比较含蓄。在气排球的练习过程中，改进自我技术和调整比赛战术的重要因素就是自我意识水平。通过气排球活动所形成的自我意识，在不断的运动实践中会成为调节自己行为的一种能力，将这种能力运用到社会交往中，就可以了解真实的自己，提高社交技能。同时，气排球比赛中运动员难免会出现因裁判员的错判而情绪激动，因比分落后而急躁冲动，或因胜利在望而放松警惕等情况。因此，通过参与气排球运动，运动员能培养对别人或者对自己的情绪做出准确判断的能力，并及时克服这种情绪障碍。若将这种能力转化到社会交往中，就能够掌握如何对别人做出恰当而又易于被社会所接受的反应，使自我的社交能力得到进一步提高。

（四）培养团结协作精神，提高人际沟通能力

　　气排球是一项集体运动，队员间的相互交流是非常重要的。在学习气排球技术的过程中，每一个动作、每一项技术都离不开教练的讲解示范和自我练习，同时，还有队员之间的相互交流和理解。因此，技术动作的学习、错误动作的纠正、集体的协同合作都是在相互保持良好的沟通下进行的。这种沟通的方式具有直观性、及时性和主动性。因此，经常参加气排球运动，能提高人际沟通能力，从而形成良好的人际关系。

（五）增强对身体语言的理解和使用能力

　　气排球训练、比赛中，参与者沟通的方式除了言语表达以外，还有身体语言，这也是人在社会交往的过程中必须具备的沟通能力。气排球在社会的发展

中，随着参与者的创新和实践，也在不断地丰富其艺术表现的内涵，增强身体语言表达能力。另外，人们通过对气排球技术动作的学习，能有效地提高参与者的协调性和柔韧性，使其在练习的过程中通过学习和掌握正确的姿势，体会到动作表现与内涵的统一。因此，气排球运动对参与者自我身体语言的发展有着积极的促进作用。

（六）气排球器材、场地的特点

表1-2是气排球与室内排球场地、器材的对照表，通过比较可以看出，气排球运动场地、器材的主要特点是大众性、健身性与通用性，也反映了气排球运动本身的特点。

表1-2　气排球与室内排球对照表

项目	气排球	室内排球
球重/克	100～120	200～300
球圆周/厘米	76～78	65～67
场地/米	12×6	18×9
进攻线/米	2	3
网高/米	男：2/2.1 女：1.8/1.9	男：2.43 女：2.24
上场人数/人	5或4	6

二、气排球运动的功能

（一）提高体育文化修养

气排球日常训练、分组比赛、技战术规则以及所附带的休闲观赏性，对练习者具有健体、娱乐、启智和提高体育文化修养的功能。从事气排球运动时，其时间和强度可根据不同人群的不同需要进行调控，这不仅使练习者的体能增强，而且心肺各器官的功能也得到改善。另外，气排球是集体性项目，据统计，70%以上的老年人喜欢以团体练习为主，气排球就是迎合了这一需要，既增强了老年人相互间的默契配合，又排解了孤独感。老年人在从事气排球活动时还应掌握气排球比赛的技战术规则和相关知识，这样在活动时，不但能够强身健体，还能够欣赏和感受高级别的比赛，这对启发老年人的智慧，提高体育文化修养起到积极的作用。

（二）锻炼良好的心理素质

经常参加气排球运动，能够学会许多控制自己情绪和调节自身心理的手段和方法，如连续失误时不急躁，尽快使自己冷静下来而且不灰心；比分落后时不气馁，沉着应对、奋起直追；关键比分时不手软，充满自信；当裁判员判罚对自己不利时，不瞪眼、不跺脚、不指责。这些都对提高中老年人的心理承受力、环境适应力、处事能力等有好处。

（三）提高观察、分析和应变能力

气排球比赛中，准确判断已成为重要的制胜因素之一。判断的基础是"眼观六路""耳听八方"，通过观察对方及同伴的动作以及击球的方向、场上的布局，预判将要发生的情况而迅速做出应变反应。中老年人经常参加气排球活动，也能提高观察、分析能力和临场应变能力。

（四）培养和谐的团队协作精神

气排球比赛中，要求运动员随时准备保护同伴击出的不到位的球，同时还要为下一次击球的同伴创造进攻条件。气排球比赛是一项靠全队努力、集体配合取胜的球类竞赛项目，个人的优势、特点均要在同伴的配合下才能发挥。气排球比赛中的每一次击球，都包含着为他人着想的理念和团队协作精神。经常参加气排球活动，不仅能带给参与者生理和心理的改变，而且对个性培养也很有帮助，对个人的协作精神和团队意识的形成有很大提升。例如，苏州大学老年气排球队已历经十五个春秋，来自五湖四海的队员们与苏州周边地区的多支气排球队进行过交流。据介绍，2006年，气排球队刚成立时只有几个老人，后经校退协动员和联系，目前已经有近50名队员了。大家平时和睦相处，平等相待；外出比赛时，还可以打打牌、聊聊天、喝喝茶，尽情地享受着闲暇自在和大自然的野趣，内心的舒畅感在球场上得到了最大的满足。

（五）增强人的适应能力

研究证明，经常参加气排球运动的人，对生活节奏的变化具有较强的适应能力。其原因在于以下几个方面：第一，气排球运动有利于提高全身综合性的运动技能，以及完善对比赛中不同节奏间变化的适应能力。第二，参加气排球运动对人体的神经系统、心血管系统都是很好的锻炼，可以提高人体对快节奏生活的应变能力和耐受能力。第三，气排球运动可以帮助人们克服对快节奏生活的抵触、恐惧、烦躁和焦虑等心理障碍，抑制身心紧张，运动带来的幸福感能得到明显的体验。

第三节 | 如何快速获得气排球的"球感"

所谓球感，是练习者身体的有效部位对球的感觉。这种感觉越灵敏、越细致，就越有利于练习者对球的控制与驾驭。球感直接关系到练习者技术动作的完成质量，因此，球感练习是学习气排球的基础，是每个学习气排球技术者的必经之路。

一、气排球发球的"球感"

击球是发球的关键，击球的好坏直接影响发球的质量。击球的发力是从两脚蹬地开始，在蹬地的同时，预先拉长胸、腹、背部肌肉群并和手臂各肌肉群协同用力，通过挺身、转体动作带动手臂挥动，加长了转动半径，手的线速度加大，从而给球以较大的推力。例如，正面上手发旋转球时，用全手掌击球，击球面积较大，手作用在球上的时间较长，容易击准球和控制球；从手触球到球离手的每一瞬间，球的受力方向都在发生变化，加之手腕的推压作用，使球呈上旋飞行，以增加旋转力。正面发飘球时，不需要像发旋转球那样用全掌击球，而必须用掌根平面击球的中下部，手腕不加推压，使作用力通过球体重心；发力要短促、突然、集中，击球后手臂挥动要突停，以避免屈腕等多余动作。

二、气排球垫球的"球感"

垫球练习是我们最常用、最有效的球感练习手段之一。垫球练习可以放在教学课的准备活动部分，也可以作为休息调整内容放在每个练习项目之间。最常用的垫球有自垫球、正面双手垫球、侧垫、背垫、单手垫球。

垫球是手臂和球的碰撞运动，垫球的用力关键在于手臂对球的控制，恰当用力和缓冲，灵活地变换手型，有效地控制反弹面，将球准确地垫入预定目标，这一过程主要取决于触球瞬间手臂的运动知觉"球感"。经常地、反复地练习垫击不同性能的来球，球员就会敏锐地感觉到来球的速度、力量、角度等因素以及触球时压力和部位感觉，并及时地做出恰当的应对反应，这样就能更好地掌握正确的垫球动作，培养正确的垫击手法，提高垫球的准确性。根据来球的速度、弧度和垫球的方向、落点、速度，在瞬间做出准确的判断，并运用合理的技术动作来控制击球动作。

三、气排球传球的"球感"

传球的"球感"是一种有助于改进和提高传球技术的知觉。传球的"球感"不单是因为传球时手指腹部位对球的浅感觉（触觉与压觉）非常灵敏，还由于手指与球接触时有一个缓冲和弹击的过程。技术熟练者，凭借"球感"能准确地感知来球的形状（大、小）、轻重、弹性（球的充气量）、速度等诸因素是否正常。如果来球情况有变化时，这一精细的知觉能很快引起运动神经做出相应的反应，给球以适当的作用力，以弥补或克服上述诸因素的"意外"干扰，将球准确地传向目标。气排球初学者应在练习中努力培养"球感"，以进一步提高传球的准确性。

第二章 气排球练出健康

第一节 气排球的健身原则

在气排球健身过程中，个体的年龄、性别、职业、体质状况、健康水平等因素在很大程度上影响着健身过程的实施和锻炼效果，因此，必须遵循气排球的健身原则，对不同年龄人群进行分类指导；要重视气排球健身的注意事项，定期对健身效果进行监督、评测，据此制订出科学的健身计划。

一、经常性原则

经常性原则是指应长期地、不间断地、持之以恒地进行体育锻炼。众所周知，生命在于运动，运动贵在有恒。人只有在经常性的体育锻炼中，体质才能得到增强。在进行气排球锻炼时，人体的各个器官都是在神经系统的支配下进行工作的。由于气排球运动的特性，参与者会经常采用跳、急转等运动技术，使得人体的骨结构更加坚实，韧带更加牢固，肌肉变粗壮，肺活量增大。这些都是长期坚持气排球锻炼的结果。根据"用进废退"的法则，如果较长时间停止气排球锻炼，各器官系统的机能就会慢慢减退，体质就会逐渐下降。因此，参加气排球锻炼，必须持之以恒。要建立个人的锻炼"常规"，确定每周参与气排球锻炼的次数和每次锻炼的时间。要想获得良好的锻炼效果，每周至少应进行 3~5 次身体锻炼，在没有参与气排球运动的时候，可以选择其他替代项目，但替代项目的强度要和气排球大致相同。为了提高心肺系统的耐力，至少应持续进行 20~30

分钟的有氧运动。不同练习的强度会直接影响持续运动的时间，而在大多数情况下，控制运动时间要比控制运动强度容易得多。

二、循序渐进原则

循序渐进原则是指体育锻炼的内容、方法和运动负荷等，必须符合人对事物的认识规律、动作技能的形成规律和生理机能的负荷规律，由小到大、由易到难、由简到繁、由低级到高级逐步进行。我们在体育锻炼过程中，最忌急于求成，想"一口吃个胖子"往往事与愿违，甚至还会给身体带来某些损伤。在参与气排球锻炼时，不要想着刚接触就能够完成扣球等一系列的技术动作。所有技术动作的完成都有基本的身体素质要求和技术要求。在气排球运动中，首先是对球性的熟悉，其次是对气排球技术动作的掌握和强化，最后是对气排球扣球、发球、拦网等专项技术的练习。另外，在参与气排球锻炼时，对气排球运动的运动负荷也要有相应的了解，要根据锻炼者自身的实际情况来确定运动负荷的大小，做到量力而行，尤其要注意锻炼后的疲劳感应适度。运动负荷应由小到大，逐步提高，切忌"一步到位"。

三、适宜的运动负荷原则

适宜的运动负荷是指体育锻炼要承受适宜的生理负荷。锻炼的效果很大程度上取决于运动刺激的强度，运动量太小，对肌体的影响轻微，不足以引起人体生理功能的变化，锻炼效果不佳；运动量过大，反而会造成身体损伤，引起运动性疾病。运动负荷的大小必须根据参加锻炼者的实际情况而定。要合理安排锻炼和间隔的时间，间隔时间太短，疲劳没有消除，容易引起疲劳积累，长期就会造成过度疲劳；间隔时间太长，机能消退，就得不到好的锻炼效果。在参与气排球锻炼时，不要持续时间过长，在身体有不良反应后，一定要停下休息，避免造成不可逆转的损伤。要逐步增加运动负荷，使身体机能不断提高。在参与气排球锻炼时，可以根据个人的性别、年龄、健康状况，针对锻炼者的爱好、要求和原有的基础等实际情况，来确定适宜的锻炼方案。

四、因人制宜原则

因人制宜原则是指每个参加体育锻炼的人，应该根据自己的实际情况，选定锻炼的内容和方法，安排运动负荷。这个原则之所以重要，是因为参加体育锻炼者的情况和特点是多种多样的，如性别、年龄、健康状况、运动基础、营养条件、生活作息制度等。要使体育锻炼收到实效，就必须依据每个锻炼者的情况来确定锻炼方案，必须因人制宜，依人开方。如中老年人、高血压患者参与气排球锻炼要长期坚持和循序渐进，尤其要掌握好运动量，在锻炼时完成动作应有节奏，避免紧张用力，不要过度低头，以免引起脑部充血。

五、全面锻炼原则

全面锻炼原则是指通过体育锻炼使身体形态、机能、素质和心理品质都能得到全面和谐的发展。人体是在大脑皮层调节下的有机统一的整体，人体各部位、各器官的机能，各种身体素质和基本活动能力之间是相互联系、相互制约的。身体素质是人体在运动过程中所表现出来的力量、速度、耐力、柔韧性和灵敏性等素质，它们是通过肌肉活动表现出来的，反映着内脏器官的机能、肌肉工作时的供能情况，以及运动器官与内脏器官活动的配合协调情况。气排球运动能够使参与人员的力量、速度、耐力、柔韧性和灵敏性等素质得到良好的锻炼，各种技术动作对某一项素质也会有独立的影响。例如，练习气排球发球对人体力量、速度、协调性等素质会有良好的锻炼效果。

第二节 | 不同年龄人群如何选择合理的锻炼负荷

一、青少年如何选择合理的锻炼负荷

青少年神经系统的发育优于其他系统，神经活动的兴奋和抑制过程呈不平衡状态，兴奋过程占优势，表现为活泼好动，精力充沛。由于新陈代谢过程旺盛，

疲劳也容易恢复，模仿能力较强，容易建立条件反射，但动作不够协调和精确，不巩固，易消退，神经活动中第二信号系统的活动还不完善，抽象思维能力较差。因此，在对青少年的教学过程中要多做示范，多采用直观形象的手段与方法，使他们能直接感觉到形象和各肌肉本体，形成正确的动力定型。

  青少年的骨骼迅速增粗和加长，骨的成分比成年人胶质多，钙质少，未完全骨化，骨的弹性和韧性较好，但承受力和张力不如成年人。在训练中，要注意身体的全面发展，防止局部负担过大，多做对称性练习，并用多种方法交替进行。这一阶段宜做速度、跳跃的练习，促进骨骼的增长。力量训练时要注意负荷，避免大重量的练习或过多采用静力训练，不宜在水泥或沥青场地反复进行跳跃练习。

  青少年的肌肉中水分较多，蛋白质含量较少，随着年龄的增长，肌肉中的蛋白质含量逐渐增加，肌肉的收缩和弹性也随之提高，但柔韧性相对降低。8~12岁的青少年肌肉生长速度开始加快，15~18岁的青少年肌肉增长最快。在12~15岁阶段，肌肉主要是纵向增长，肌肉雏形是细长的，与成年人相比，肌肉横断面积较小，肌肉的收缩力、伸展性、弹性和耐抗力不如成年人。因此，在发展肌肉力量时，宜多做徒手练习、不负重的跑跳练习来发展肌肉力量。15岁开始，适当增加负重量。发展力量应以动力的练习为主，宜多做助跑起跳、变向移动、挥臂击球等练习。要增强肩、膝、踝和腰背肌、腹肌的力量，多做一些带有爆发性而又能很快自然放松的练习。要注意发展小肌肉群的力量，保证身体的全面发展。

  女性从11~13岁左右就进入了青春期，在生理和心理上产生了较大的变化，在经期进行体能训练时，容易使她们在精神上产生恐惧和紧张感。因此，应严格遵守区别对待的原则，月经期反应正常者，可以进行适当的训练，但要合理选择体能训练内容，减少或避免剧烈跳跃、静止用力、猛烈收腹、收腿和长时间屏气等动作。刚出现月经期和月经期没有训练习惯者应注意循序渐进，逐步提高她们适应训练的能力。女运动员平时应注意加强腰腹肌和盆底肌的锻炼，对于提高动作的灵活性有很大的帮助。

二、中年人如何选择合理的锻炼负荷

中年阶段是一个过渡的阶段，是人体身心由强盛逐渐衰退的过程。研究表明，我国居民在40岁后体能下降较快，心理疲劳加快，多数中年人开始出现各种不良症状，如心肺功能下降、血压升高等。中年阶段是人体器官机能渐衰的阶段，也是身心不稳定的时期。其间，个体会发生相应的生理变化，但这些变化是微弱的，又因为中年人受到各种生活压力的影响，如果个体不能正确地体会和认识到这些改变，随着时间的流逝，身心容易产生疾病，危害健康。

中年时期是人生的一个特殊时期，面临工作和生活的双重压力，因此，很多中年人在时间和精力有限的情况下，自觉不自觉地"淡漠"了锻炼，远离了运动，认为此时锻炼没有必要，或懒惰思想作祟，从而没有明确的锻炼目标，缺乏锻炼的自觉性和积极性，结果健康水平日趋下降，疾病慢慢滋生。

另外，中年人的骨骼脆性增加，骨质容易增生，易发生骨折和多种骨关节病，运动中要注意骨骼的安全。在气排球锻炼中，应注意运动状态的调整，在进行体能训练时应合理安排运动负荷，不宜做持续而紧张的耐力性练习。另外，在气排球锻炼中应掌握好运动量，注意锻炼环境的空气质量。

三、老年人如何选择合理的锻炼负荷

进入老年期后，由于内分泌、新陈代谢及免疫机能下降，尤其运动器官发生衰退性变化，如骨钙丢失、骨弹性和韧性及肌肉弹性与伸展性下降、关节囊僵硬等，这些都制约着老年人进行剧烈的锻炼和比赛。若一味追求暴力扣球、大力发球等动作，极易引起肩关节、腰部的损伤。

初入老年期的队员，往往有不服老的心态，在锻炼中总想做出年轻时掌握的技术动作，容易造起运动损伤。从老年人发生损伤的原因出发，气排球对现有的场地和规则加以改进。例如，要求65岁以上老年人采用下手发球，避免高手发球时对肩、肘、腕关节所带来的损伤；要求老年人运动前做好准备活动，以微微出汗为宜，锻炼后要进行一定的整理活动。

气排球锻炼时的运动量与运动持续的时间、强度、场上位置以及年龄等有关。夏季锻炼时，脉率应保持在 98～132 次/分，主力队员可达 138 次/分；冬季锻炼时，脉率一般为 90～122 次/分，锻炼后 10 分钟内脉率基本恢复正常。

第三节 | 气排球运动注意事项

一、注意选择适当的锻炼环境

在制订锻炼计划时要从实际出发，多考虑主观因素和客观因素，如年龄、性别、体质、运动基础、场地、器材、气候、时间等因素。可以根据参与气排球运动的人群和地点制定相应的规则，选择适当的环境和时间组织大家一起参与锻炼，活跃锻炼气氛，提高锻炼效果。

二、不能急于求成、拔苗助长

对青少年不能过分加大训练量，不能搞专项训练。即使对有特殊天赋的运动员，也不能搞极度紧张的训练和加大比赛负荷。同样地，也不能采用强制训练的方式。

三、注意选择适合的锻炼时间

户外打球一般有两个适宜的时段：9—11 时及 15—17 时，因为这两个时段的气温、湿度最适合锻炼。也有相关报道认为，15—17 时段进行体育锻炼最为合适，因为在这个时段进行锻炼有利于消除工作、学习的紧张和疲劳。

四、注意防止运动过度

运动过度是指运动量太大，运动时间过长，使身体过度劳累，引起身体损伤等。参与气排球锻炼应适量，尽量避免运动过度。如果肌肉和关节都感到酸痛，那么它们便无法正常发挥功能。持续性的运动过度会使身体面临更大的受伤风险，时间长了，还会降低免疫系统的功能。

五、全面锻炼、循序渐进

在制订锻炼计划时，必须根据自己的体质条件、素质水平和爱好等，既要注意全面发展，又要注意自己的特点和弱点，既要考虑自己的爱好，又要注意锻炼的效果。在整个锻炼计划的安排上，应遵循由简到繁、由易到难的原则；在运动量的安排上应遵循从小到大、逐步增加的原则；做到既科学，又全面，既达到增强体质的目的，又不影响正常的学习与工作。

第四节 | 气排球运动中的自我监督

一、气排球运动中自我监督的意义

自我监督是体育锻炼期间采用自我观察和检查的方法，对健康状况、身体反应、功能状况及比赛成绩进行记录和分析。它是间接评定锻炼负荷大小、预防运动性伤病及早期发现过度训练的有效措施。因此，自我监督是调整锻炼计划的重要依据，它能促使参与体育锻炼的人员遵循科学的训练规律，培养良好的运动卫生习惯。

二、气排球运动中自我监督的方法

自我监督的方法包括主观感觉和客观检查两个方面。

（一）主观感觉

1. 精神状态

精神状态反映了整个机体的功能状态，尤其是中枢神经系统的状态。身体健康者，精神状态好、精力充沛、心情愉快、积极性高。患病或锻炼过度时，常会感到精神萎靡不振、疲倦、乏力、头晕及容易激动。在进行记录时，如果自己觉得精神饱满、心情愉快，可记为"良好"；如果有精神萎靡、倦怠等不良感觉时，记为"不好"；如果精神状态一般，但又没有上述不良现象时，可记为"一般"。

2. 运动心情

身体健康、精神状态良好的人，总是乐于参加体育运动。如果出现对运动不感兴趣，表现为冷淡或厌倦，或特别厌烦与运动有关的场地、器材、人物和语言，可能是锻炼方法不当或疲劳的表现，也可能是过度锻炼的早期征象。根据个人的运动心情，可填写为"渴望训练""愿意训练""不愿训练"等。

3. 不良感觉

不良感觉指体育锻炼或比赛后的感觉不佳，如肌肉酸痛、关节疼痛、无力等。在剧烈运动或比赛后，由于机体疲劳，大部分人会产生四肢酸胀等不良的感觉，但这些现象经过适当休息后就会消失。但如果在运动中或运动后，除了出现上述现象外，还伴有心悸、头晕、头痛、气喘、恶心、呕吐、胸痛或其他部位的疼痛时，则表示锻炼负荷过大或健康状况不良，在进行自我监督记录时应写清具体感觉。老年人若患病，则更要倍加小心，患有心血管等疾病者，在药物控制下病情仍不正常，或患有感冒、体力疲乏或肌肉关节疼痛等状况均应停止锻炼。在锻炼中，自觉有气急、胸闷、头昏眼花、动作失去平衡等状况时要及时离场休息，必要时应到医院诊治。

4. 睡眠

经常参加体育活动的人，睡眠应该是良好的，表现为入睡快、睡得熟、少梦或无梦，醒后精神良好。如果长时间出现睡眠不佳，如失眠、易醒、睡眠不深、多梦、嗜睡或清晨醒后精神不佳等状况时，一般是健康状况不佳、对运动负荷不适应或过度训练的早期表现。记录时可填写睡眠的时间、状况等信息，如"良好""一般""不好"。

5. 食欲

健康的青少年学生和运动员食欲应当良好。在参加体育运动过程中能量消耗较多，故食欲应该更好些。如果在正常进食时间内，出现食欲减退现象，表明健康状况不良或有过度训练倾向，应调整训练计划，记录时可填写食欲状况为"良好""一般""不好""厌食"等。

6. 排汗量

排汗量的多少与气温、湿度、饮水量、衣着有关，也与身体机能状况、神经系统紧张程度、运动负荷等有关。如果在适宜的外界条件和适宜的运动负荷下，出现大量出汗或安静时出汗，甚至夜间盗汗，表明身体机能状况不良、健康状况下降或近期运动负荷过大。经常参与体育锻炼的人，在同样条件下大量出汗，可能是过度训练或极度疲劳所致。在高温环境中或大运动负荷下，出汗减少可能是机体脱水的征象，会引起体温升高、中暑等。记录时可填写出汗状况为"正常""减少""增多""夜间盗汗"等。

(二) 客观检查

1. 脉搏

脉搏是反映人体健康状况的可靠生理指标之一，它不仅用于观察病情，而且也是体育保健、体育锻炼中监督和评定的常用指标。正常人的动脉频率搏动与心跳频率是一致的，为测量方便，常用脉搏频率来代表心率。正常成人每分钟脉搏跳动75次左右，生理变动范围在每分钟60~100次。

2. 血压

在安静状态时，我国健康成年人的收缩压为100~140毫米汞柱，舒张压为60~80毫米汞柱。安静时正常的血压变动范围应在9~11毫米汞柱以内，如果血压变动大，超过11毫米汞柱，并伴有肺活量降低，体重持续减轻，说明运动负荷可能安排不当，要引起注意。

3. 体重

经常参加锻炼可使体重发生变化，变化一般分三个阶段。第一阶段的体重有连续下降的趋势，这是由于机体失去过多的水分和脂肪的结果，这个阶段一般持续3~4周。进入第二阶段，体重处于稳定状态，在此期间，运动后减轻的体重在1~2天内可得到完全恢复，这个阶段持续5~6周以上。以后进入第三阶段，通过持续不断的锻炼，肌肉等组织逐渐发达，体重可能有所增加或保持在一定的水平上。

在身体健康状况自我监督中，每周可测量 1~2 次体重，每次测量的时间要一致。如果体重基本保持不变或上下略有波动，表明机体对锻炼的适应性反应正常。如果出现体重"持续性下降"并伴有其他异常反应时，可能是运动量不适宜的反应或患有其他慢性疾病，应查明原因并及时处理。

第三章　气排球天天练

第一节 | 气排球技术与练习

气排球技术是指在气排球规则允许的条件下，击球者采用的各种合理击球动作和其他配合动作的总称。

气排球的基本技术包括：准备姿势与移动、发球、垫球、传球、扣球、拦网。这些都跟传统排球类似。主要教学顺序：准备姿势与移动—发球—垫球—传球—扣球—拦网—综合防守。

一、准备姿势与移动以及练习方法

准备姿势与移动是气排球基本技术之一，是完成各种技术动作的基础和纽带，具有不可替代的作用。准备姿势是为了更好地移动、更好地完成各种击球技术前采用的动作。要想取得更好的战术效果，就必须时刻做好准备姿势。

（一）准备姿势及练习方法

一般按照身体重心的高低将准备姿势分为三种（图3-1）：半蹲准备姿势、稍蹲准备姿势、深蹲准备姿势。

图3-1　三种准备姿势

1. 半蹲准备姿势

（1）动作方法：两脚开立，略比肩宽，两膝弯曲；脚跟自然提起，上体前倾，重心靠前；两臂自然弯曲置于腹前，两眼注视来球，两脚始终保持微动状态。

（2）技术要领：身体半蹲，膝部过脚尖，注意力高度集中，肌肉适当放松。

2. 稍蹲准备姿势

（1）动作方法：两脚左右开立，约与肩同宽，一脚在前，两膝微屈；上体稍前倾，两臂放松自然弯曲置于腹前，后脚跟稍提起；两眼始终注视来球，两脚始终保持微动状态。

（2）技术要领：两脚开立，两膝微屈，脚跟离地，重心前移；上体前倾，两臂弯曲，注视来球，两脚微动。

3. 深蹲准备姿势

（1）动作方法：身体重心比稍蹲、半蹲准备姿势更低、更靠前，两脚左右、前后的距离更宽一些，目视来球；两臂自然弯曲置于腹前，后脚跟稍抬起，始终保持微动状态。

（2）技术要领：放低重心，屈膝稍蹲，跟进保护，上体抬起。

4. 练习方法

（1）在教练指导下，学员试做各种准备姿势。

（2）两人一组，一人做，另一人纠正错误，互教互学。

（3）听口令做各种准备姿势。

（4）原地跑步，在跑的过程中，听到或看到教师口令或手势，立即做各种准备姿势。

总体要求：帮助学员建立正确的动作概念，迅速、正确地完成动作。

（二）移动及练习方法

移动的目的是为了及时地接近球，保持好人与球之间的距离，便于更好地击球，迅速地占据场上有利位置。同时，根据场上具体情况，灵活选择多种移动步法进行移动。常见的移动步法包括并步、交叉步、跨步和跑步等。

1. 移动步法

（1）并步（图3-2）：两脚前后站立，与肩同宽，两膝微屈；上体稍前倾，两臂自然放松置于腹前。并步时，前脚向来球方向跨一步，后脚迅速蹬地跟上，并做好击球前的准备姿势。并步可以向前、后、左、右四个方向移动，连续的并步就是滑步。

图3-2　并步

（2）交叉步（图3-3）：两脚左右开立，向右侧交叉步移动时上体稍向右转，左脚从右脚前向右交叉迈出一步，然后右脚再向右侧方向跨出一大步，同时重心移至右脚，身体转向来球方向，保持击球前的姿势。

图3-3　交叉步

（3）跨步（图3-4）：当来球较低靠身前时，后脚用力蹬地，前脚向前方跨出一大步，屈膝，上体前倾，身体重心随之移动到前腿上，两臂做好迎球动作。

图3-4　跨步

（4）跑步（图3-5）：跑步时，一脚蹬地起动，另一脚迅速向前迈出，两脚交替进行，两臂配合摆动，不要过早做击球动作的准备，以免影响跑步速度。

图 3-5 跑步

2. 练习方法

（1）成稍蹲准备姿势，随教练手势向左、右方向做并步移动。

（2）成稍蹲准备姿势，随教练手势向左、右方向做交叉步移动。

（3）成稍蹲准备姿势，随教练手势向前方做跨步移动。

（4）单人在场地内连续接各种球，要求抛球者抛出高低远近不同的球。

（5）两人一组相对站立，一人向任意方向扔球，另一人根据抛球的方向迅速跑动，在球没有落地前将球接住或运用传球、垫球等技术传到指定位置。

（6）两人一组，相距 2~3 米，做好准备姿势，一人向前、后、左、右抛球，另一人移动后将球接住再抛回，连续进行一定次数后两人交换位置。

二、发球技术与练习方法

在气排球运动中，发球是指发球队员站在发球区内，用一只手将自己抛起的球直接击入对方场区的一种击球动作。

（一）侧面下手发球

侧面下手发球是指发球队员侧对球网，借助转体力量，手臂从下往上击球的发球方法，适合于初学者。这种发球失误少，但攻击性不强。

侧面下手发球

（二）正面上手发球

正面上手发球是指发球队员面对球网站立，利用转体收腹动作带动手臂加速挥动，在头的侧前上方用全手掌击球过网的发球方法。根据发球效果，可以分为正面上手发旋转球、正面上手发飘球。

1. 正面上手发旋转球

正面上手发旋转球（图3-6）在气排球比赛中应用广泛，由于气排球球体较大，重量较轻，在飞行过程中由于风阻、旋转速度等都与传统排球不同，这就使得气排球正面上手发旋转球的威力更大，落点和飞行路线更难以确定。

正面上手发旋转球

图3-6　正面上手发旋转球

（1）动作方法。

① 准备姿势：面对球网，两脚自然开立，一般左脚稍比右脚靠前，左手持球于体前。

② 抛球与引臂：左手平稳地将球抛至右肩前上方适宜位置处，球体旋转，同时，右臂上举屈肘后引，肘关节高于肩关节，上体稍向右转动，肩关节、肘关节、腕关节稍放松，五指自然张开，两眼盯住击球部位。

③ 挥臂击球：利用脚蹬地使上身向左转动、收腹的同时以腰、胸依次带动肩、上臂、手腕，最后将力量传送到手上。击球时，手掌、手指要张开与球吻合，手腕要迅速推压，使击出的球成上旋飞过球网。

（2）技术要领。

手托球，平稳抛，击球准，全掌包，适当力，上旋球。

2. 正面上手发飘球

正面上手发飘球（图3-7）是采用近似正面上手发旋转球的方式，但击球时，力量要通过球体重心，使得发出的球不旋转且不规则的飘晃飞行的一种发球方法。

正面上手发飘球

图3-7 正面上手发飘球

(1)动作方法。

① 准备姿势:与正面上手发旋转球类似。

② 抛球与引臂:将球抛至右肩前上方的适宜高度处(略低于正面上手发旋转球且稍靠前),球体不转,右臂屈肘拉臂,肘关节高于肩关节,两眼盯住击球部位。

③ 挥臂击球:做鞭甩动作,手臂的挥动轨迹是自后向前做直线运动。击球时,五指并拢,手腕稍后仰,用掌根的坚实面击球的中下部,使作用力通过球体重心。击球用力要快速,击球面积要小,触球瞬间,手指、手腕要紧张。

(2)技术要领。

平稳抛球,直线挥臂,击球迅速,力过重心。

(三)跳发球

跳发球(图3-8)是运动员在跳发线后面起跳,在空中将球直接发进对方场区的发球方法。跳发球主要分为大力跳发球和跳发飘球。

图3-8 跳发球　　　　　　　　　　大力跳发球

1. 大力跳发球

大力跳发球是排球比赛中常用的一种发球方法,由于气排球球体较轻,气排球的大力跳发球的进攻性更强。

(1) 动作方法。

① 准备姿势:队员面对球网站立,站立于跳发线后适当距离处,单手(或双手)持球于腹前,观察对方接发球情况。

② 抛球:以右手为例,将球抛在右肩前上方2米左右,落点在跳发线附近。

③ 助跑起跳:随着抛球结束,队员随即做1~3步助跑起跳。起跳时,两臂要协调且积极地大幅摆动,增大身体向前、向上的速度,采用并步式向前冲跳。

④ 空中击球:起跳后挺胸展腹,身体呈反弓形,右臂屈肘后引,五指自然张开,手腕稍放松。击球时利用收腹、转体带动手臂向前上方挥动,手臂伸直,手掌击球的后中下部,全手掌包球的同时手腕积极推压,使球呈上旋飞行。

⑤ 落地:击球后,尽量双脚落地,两膝顺势缓冲,迅速入场。

(2) 技术要领。

抛球稳定助跑跟,双臂摆动两脚随,腰腹带动手臂甩,全掌包球落地稳。

2. 跳发飘球

发球的技术动作基本与正面上手发飘球类似,只是要加上助跑起跳,在空中完成发球动作。

跳发飘球

(四) 练习方法

(1) 模仿练习:在正式发球前可进行模仿发球练习。模仿练习可先进行动作分解,把完整动作分为3个部分:准备姿势、抛球与引臂、挥臂击球。练习时按教练口令,依次做无球分解动作,要求动作到位,抛球、引臂和挥臂动作流畅。熟练后,进行完整动作模仿练习。

(2) 原地击球练习:教练站在学员前侧,将排球举至身体右前上方固定,让练习者用完整发球动作击打。

(3) 多人对练:掌握基本正手发球技术后,可将训练者分成两组在排球场对练，相互靠近的同学互相指点动作。这个练习要求同学体会发球动作感觉，力量要适中，主要体验发球动作的整体空间感。

三、垫球技术与练习方法

垫球是气排球的基本技术之一，通过手臂或身体其他部位的迎击动作，使来球从垫击面上反弹出去的击球动作，称为垫球。

（一）正面双手垫球

正面双手垫球（图3-9）是指身体正对来球，用双手在腹前击球的方法，是气排球比赛中最为常见的一种技术。

图3-9　正面双手垫球

垫轻球　　　跨步垫球　　　低蹲垫球

1. 动作方法

（1）垫球手型：有叠掌式、抱拳式、互靠式三种。最为常见的是叠掌式，在接发球、接扣球和接一般球时被广泛采用。

①叠掌式：两手掌根相靠，手指重叠，手掌互握，两拇指平行向前，手腕下压，两前臂外翻成一个平面。

②抱拳式：两手抱拳互握，两拇指平行向前，掌根、小臂外旋紧靠，手腕下压，两前臂形成一个平面。

③互靠式：两手腕紧靠，两手自然放松，手腕下压，两前臂外翻形成一个

平面。

（2）触球部位：用前臂腕关节以上10厘米左右的桡骨内侧平面击球的后下部。

（3）击球点：保持在腹前一臂距离处。

（4）垫球动作：面对来球，成半蹲或稍蹲姿势站立。两手掌跟互靠，两手手指重叠，手掌互握，两臂夹紧前伸，插入球下，配合蹬地、跟腰、提肩、压腕，同时全身动作协调迎向来球，身体重心随着击球动作向前上方移动。

2. 技术要领

两臂前伸插球下，两臂夹紧压手腕，全身协调来发力，击球尽量在腹前。

（二）体侧双手垫球

在身体侧面进行双手垫球称为体侧双手垫球（图3-10）。

图3-10 体侧双手垫球

1. 动作方法

以右侧接一传为例。当来球从右侧飞来时，重心移至右脚同时右膝稍屈，两臂伸向右侧，右臂比左臂稍高，两臂夹紧形成垫击平面。利用向左转腰、收腹的力量，配合两臂在右侧方击球的后下部。左侧垫球时，动作相反。

体侧双手垫球　侧倒双手垫球

2. 技术要领

侧向跨步侧身臂，两臂高低成平面，转腰收腹脚蹬地，侧前提肩去击球。

（三）背向双手垫球

背对垫球目标，从体前向背后垫球称为背向双手垫球（图3-11）。

图 3-11　背向双手垫球

半跪垫球　　　背向双手垫球　　　肩滚翻垫球

1. 动作方法

背向垫球时，判断好来球的方向、落点，快速移动到球的落点位置，背对出球方向，两臂夹紧伸直插到球下。击球时，用脚蹬地、抬头、挺胸、展腹后仰等动作来带动两臂向后上方摆动送球。

2. 技术要领

蹬地抬仰摆双臂，背对目标肩上击。

（四）挡球

当来球速度较快、力量较大、不便于传球和垫球时，用双手或单手在胸前以上部位挡击来球的方法称为挡球。其特点是伸手动作要快，挡击胸、肩部以上高度的来球较方便，可扩大防守范围，是垫球的重要补充。挡球分为单手挡球和双手挡球两种。

1. 单手挡球

单手挡球击球点高，多用于处理来球较高、力量较小、在头部以上或侧上方的球，有时对飞向身后的高球也可采用单手挡球。

2. 双手挡球

双手挡球（图 3-12）多用于挡击胸部以上、力

图 3-12　双手挡球

量较大且速度较快的球。双手挡球的击球手型分并掌式和抱拳式两种。

单手挡球1　　单手挡球2　　双手挡球

（1）动作方法。

①并掌式：两肘弯曲，两虎口交叉，两手掌外侧合并成勺型且击球面朝前。

②抱拳式：两肘弯曲，一手半握拳，另一手外抱，两手掌外侧所组成的平面朝前。

（2）技术要领。

不管采用哪种挡球手法，挡击来球时手臂屈肘上举，使肘部靠前，手腕稍后仰，用力适度，在额前或肩部用手掌外侧和掌根所形成的平面击球的后下方。

（五）单手垫球

队员向前或向侧跨出一步用一只手掌点球的方法称为单手垫球。该种方法主要适用于来球离身体较近、球速较快或来球较低来不及移动时。

单手垫球

动作要领：采用稍蹲或半蹲准备姿势，盯住来球，判断好球的落点，及时向前或向侧跨出一大步，屈膝制动，重心落在跨出的腿上，上体顺势前倾下压，单手插入球下，用蹬地、提肩、抬臂动作击球的后下部。

（六）双手捧球

捧球（图3-13）在气排球运动中主要适用于接胸部以下来球，接胸部以上来球采用传球，相对于传球，捧球的稳定性较差。

动作要领：双手平摊紧靠，掌心向上，手指张开，用双手全掌触球后下部。借助蹬地和双手挑送的力量击

图3-13　捧球

球的后下部，将球捧出。

(七) 练习方法

(1) 原地模仿垫球动作练习。

(2) 垫固定球练习。两人一组，一人持球于腹前，另一人体会垫球动作，注意全身协调用力和垫球部位。

(3) 原地自垫球或行进间自垫球。

(4) 移动垫球。两人一组，一人抛出不同距离、方向、速度的球，另一人将球垫回。

(5) 三人一组，按顺时针或逆时针方向进行垫球。垫球时先迎球后转体，采用各种击球动作将球垫给下一同伴。

(6) 两人一组，在场地内进行发、垫球练习，垫球的队员尽量将球垫到2、3号位之间。

(7) 三人一组，进行接发球练习。一人发球，一人接一传，另一人进行传球，依次完成。

四、传球技术与练习方法

传球是气排球运动的基本技术之一，是借助蹬地、伸膝、手指手腕弹送以及球的反弹力将球传到目标位置的一种击球方法。按照传球方向，主要分为正面传球、背向传球、跳起传球、侧向传球、单手传球。

正面传球

(一) 正面传球

正面传球是指身体正对目标的传球，这种方法是最基本的传球方法，是掌握和运用其他各种传球技术的基础。

动作要领：目视来球快移动，蹬地伸膝额前迎，触球手型成半球，指腕缓冲控制球。

(二) 背向传球

背向传球（图3-14）是身体背向传球目标的传球方法。比赛

背向传球

中结合战术运用较多。

动作要领：上体稍挺手臂抬，掌心朝上手腕仰，背对目标合用力，指腕弹击后传球。

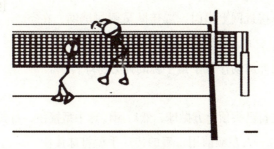

图 3-14　背向传球

传快球

（三）跳起传球

跳起传球主要用于传网上高球和即将过网的一传球。

动作要领：掌握好起跳时间，在身体上升到最高点时传球，尽量提高击球点。

跳起单手传球

（四）侧向传球

身体侧对传球目标，在不转动身体的情况下，靠双臂向侧方传球的动作称为侧向传球（图3-15）。

动作要领：传球时，上体和双臂向出球方向一侧伸展。手臂伸展速度要快，以双臂和上体侧屈的协调动作将球传出。

跳起双手传球

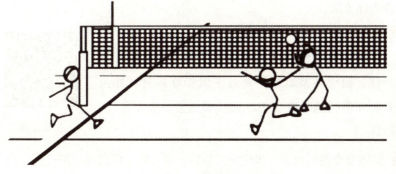

图 3-15　侧向传球

侧向传球

（五）单手传球

气排球由于质量较轻，在一传高而容易冲网，二传手起跳后无法进行双手传球时，可采用单手传球。

动作要领：当来球接近网上沿时，二传队员侧对球网，在空中最高点时，靠近网手臂的肘部弯曲上举，手腕后仰，掌心向上，五指适当收拢，用伸肘动作及手指手腕的弹力将球传出。

侧倒传球

（六）练习方法

(1) 每人一球，向自己头顶上方抛球，然后用传球手型接住，自我检查手型。

(2) 一人抛球，另一人在额前用正确的传球手型将球接住。

(3) 原地自传球练习，体会传球的完成动作。练习者盯准来球，迅速取位，全身协调用力，最后利用手指、手腕弹击将球击出。

(4) 对墙传球练习。

(5) 两人一组，相距3~4米，传对方抛到额前的球。

(6) 两人一组，相距3~4米，做对传练习。

(7) 三人一组，呈三角传球练习。

(8) 对墙、对准固定目标进行传球练习。

五、扣球技术与练习方法

扣球是气排球基本技术之一，指将高于球网上沿、限制线后的球有力地击入对方场区的一种击球方法。

（一）正面扣球

正面扣球（图3-16）是气排球扣球技术中最基本的一种方法，由于正对来球，便于观察取位，而且正面扣球挥臂动作灵活，能根据对方防守情况随时改变扣球路线和力量，控制落点，因此进攻效果较好。

正面扣球

动作要领：助跑节奏慢到快，一步定向二步跨，三步跨上猛蹬地，两臂配合向上摆，腰腹发力应领先，协调发力如鞭打，击球保持最高点，全掌包球击上旋。

第三章 气排球天天练

图 3-16 正面扣球

(二) 近体快球

扣球队员在二传队员体前或体侧约一米距离处扣的快球叫作近体快球。

近体快球

(三) 单脚起跳扣球

单脚起跳扣球（如图 3-17）是助跑的最后一步采用单脚蹬地，另一只脚直接向上摆动来帮助起跳的一种扣球方法。由于起跳下蹲较浅，无明显的制动过程，且单脚起跳能充分利用助跑速度以及右腿积极上摆的协调动作。助跑到最后，以左脚跨出一大步，上体稍后仰，同时右腿积极上摆，左脚积极蹬地起跳，两臂配合积极上摆，起跳后扣球。

单脚起跳扣球

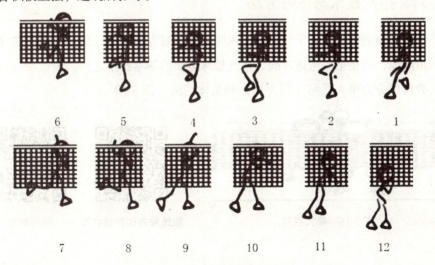

图 3-17 单脚起跳扣球

（四）转体扣球

在起跳或击球过程中，改变上体方向的正面扣球称为转体扣球。

（五）向内转腕扣球

扣球队员在击球时，突然利用前臂和手腕内转动作来改变扣球的路线，这种扣球称为向内转腕扣球。

转体扣球　　向内转腕扣球

（六）练习方法

（1）徒手挥臂练习。

（2）网前助跑起跳练习，学员成横队列于进攻线后，听口令一起做两步助跑起跳。

（3）徒手模仿扣球练习。注意把握扣球的节奏，手臂放松做出鞭打动作。

（4）两人一组，一人手持球高举做固定球，另一人扣固定球。

（5）连续对墙扣反弹球练习。

（6）两人一组，一人将球传给二传队员后在4号位进行扣球。

六、拦网技术与练习方法

拦网是指前排队员将手伸向高于球网处阻挡对方来球的行动。拦网是防守的第一道防线，也是第一道进攻线，是气排球运动的基本技术之一。根据参与拦网的人数可以分为单人拦网（图3-18）和集体拦网（图3-19）。

图3-18　单人拦网

原地和转体起跳拦网

拦网伸臂

图 3-19　集体拦网

（一）单人拦网

动作要领：判断时机快移动，及时起跳拦住球，提肩伸臂压指腕，眼看扣球拦路线。

（二）集体拦网

集体拦网包括双人拦网和三人拦网，在气排球比赛中，双人拦网是最常见的拦网方式。

混合步拦网

1. 双人拦网

双人拦网时，应以一人为主拦队员，另一人为配合队员，但主拦队员和配合队员并不是固定的，一般来说，距离扣球点近的队员为主拦队员。配合队员应靠近主拦队员同时起跳，两队员之间的距离要适当。双人拦网起跳时，两人手臂应在体前划小弧向上摆伸，尽量垂直起跳，防止起跳后两人互相干扰。

2. 三人拦网

三人拦网是集体拦网的一种形式。在气排球比赛（五人制）中，在对方高点强攻时会采用集体拦网。在三人拦网过程中，不论球从哪边来，都以本方 3 号位队员为主，其余两名拦网队员为辅助，配合主拦队员。

（三）练习方法

（1）伸手练习拦网手型。要求两脚平行站立，两臂上举伸直，两手间距 15 厘米左右，十指自然张开。

（2）网前做原地起跳拦网。要求起跳前后身体保持平衡，保持好身体、手臂与网的距离，不要触网犯规。

(3) 网前向左、右做交叉步，移动起跳拦网。

(4) 两人一组，拦对方 4 号位或 2 号位的扣球练习。要求拦网人及时判断对方扣球的助跑路线，选择合适的位置，拦堵对方的扣球路线。

第二节 | 气排球战术与练习

气排球战术是指运动员在比赛中，根据气排球竞赛规则和运动规律、比赛双方的具体情况和临场竞赛的发展变化，合理运用个人战术和集体相配合所采取的有意识、有组织的行动。

一、阵容配备和位置轮换

（一）阵容配备

1. 阵容配备的概念

阵容配备是参赛队根据比赛的任务、本队战术组织的特点及队员的身体情况，有针对性地、合理地安排场上队员技术力量的组织形式。

2. 阵容配备的主要形式

(1) 五人制气排球阵容配备。

①"三二"配备是指场上队员由两名二传队员和三名进攻队员组成。如图 3-20（a）所示的前排 3 号位队员和后排 1 号位队员为二传队员，2、4、5 号位队员为进攻队员。该阵型的优点是无论二传位置如何轮转，前后排均有一名二传队员可以调整球，保证多个进攻点。

②"四一"配备是指场上队员由一名二传队员和四名进攻队员组成。如图 3-20（b）所示，前排 3 号位队员在网前担任二传队员，其余四名队员为进攻队员。该阵型优点是二传队员和进攻队员分工明确，进攻点多，二传队员和进攻队员配合默契度更高，有利于队伍战术的执行；缺点是当二传队员轮转到后排，需要进行插上，这就要求全队攻防转换要快。

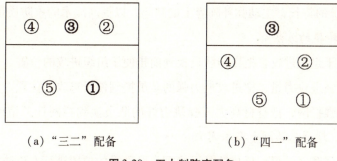

(a)"三二"配备　　　　(b)"四一"配备

图 3-20　五人制阵容配备

（2）四人制气排球阵容配备。

①"三一"配备是指由三名进攻队员和一名二传队员组成，如图 3-21（a）所示，前排 2 号位队员在网前担任二传队员，其余三名队员为进攻队员。虽然场上人数减少方便了队员之间的跑位，但对攻防转换所需的时间、专区防守要求更高。

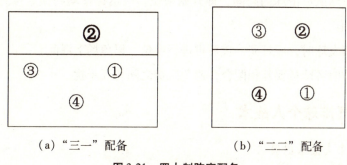

(a)"三一"配备　　　　(b)"二二"配备

图 3-21　四人制阵容配备

②"二二"配备是指场上由两名进攻队员和两名二传队员组成，各个轮次二传队员和进攻队员配置均衡，但二传队员要求有一定的进攻和拦网能力，以便打出多点进攻的战术。如图 3-21（b）所示，场上前排 2 号位队员和后排 4 号位队员为二传队员，1、3 号位队员为进攻队员。

（二）位置轮换

1. 位置轮换的概念

位置轮换是指在规则允许的条件下，通过场上队员的位置交换，最大限度地发挥每名队员的特长,主动弥补阵容上的缺陷,以提高战术的攻防质量。

2. 位置轮换的方法

① 为便于组织进攻,把二传队员换到前排便于组织进攻的位置。

② 为加强进攻力量,把进攻能力强的队员换到便于进攻的位置。

③ 为加强拦网,把身材高大或弹跳力好的队员换到拦网任务重或对方进攻性强的区域,增强本队网上竞争实力。

④ 为加强防守效果,后排队员可换到自己熟悉的位置进行专位防守。

⑤ 当二传队员轮转到后排时,在比赛中常常采用"插上"战术将二传队员换到前排组织进攻。

3. 注意事项

① 换位之前的站位,既要防止位置错误的发生,又要考虑缩短换位距离。在交换过程中,要关注本方队员的动态以及场上比赛的情况。

② 当发球队员击球的瞬间,即开始换位,应迅速移动到预定位置,便于进行下一个动作。

③ 当接发球时,应打完一攻后再进行换位,以免场上混乱。

④ 换位时各队员要互相配合,避免队员之间相互干扰。

二、气排球个人战术

(一) 个人战术的概念

气排球个人战术是指在集体战术配合的基础上,队员根据个人特点和战术的需要,灵活地运用个人技术,来实现进攻或防守的目的。

(二) 个人战术的内容

1. 发球个人战术

发球个人战术不受对方队员或本队队友的影响,全凭个人技术和战术的运用。以下为气排球比赛中常见的发球个人战术:

(1) 加强发球的性能。

加强发球的性能主要表现在发出的球力量较大,弧线较平,旋转性较大,以达到直接得分或破攻的目的。

(2) 控制发球落点。

① 将球直接发到对方两名队员之间的连接区或边线以及后场端线附近,增加接发球到位的难度。

② 将球发给对方主要进攻队员,落点在该队员附近,促使其被迫接发球,分散该队员的进攻注意力。

③ 将球直接发给对方二传队员,迫使其接一传,扰乱对方的进攻节奏。

(3) 改变发球的方法。

① 改变发球的位置。发球队员可站在端线附近发球,也可站在端线后中距离、远距离发球。发球队员可站在端线外右半场区发球,也可站在左半场区发球。发球的距离和取位不同,发球效果不同。

② 改变发球的弧度。发球时,可以加强上旋,也可以发左旋、右旋球,改变飞行的弧度,从而降低对方一传的到位率。

③ 改变发球的速度。为了达到先发制人的目的,可采用击球点高、落点离网近、速度快的飘球或跳发球,也可采用其他发球技术,改变发球速度来降低对方一传的到位率。

2. 一传个人战术

一传个人战术是指在接一传球时,为了组成本队的进攻战术而采用的有目的、有意识的击球动作。一传个人战术具体表现在以下几个方面:

(1) 组织快攻战术时,一传球的弧度要低,速度稍快,以此来加快进攻节奏。如来不及组织快攻,则稍微提高一传球的弧度。

(2) 组织强攻战术时,一传球的弧度可略高,为二传队员创造便利的条件。

(3) 如发现对方场区有较大区域无人防守或队员无准备时,可直接将球垫、传、挡至对方防守空位。

3. 二传个人战术

二传队员的基本任务是组织有效的进攻战术,为扣球队员创造有利的条件。二传队员的主要技术有以下几种:

（1）根据本队队员的特点和进攻方式合理分配球。

（2）根据对方拦网队员的部署，选择进攻点时应尽量避开对方身材高大、拦网能力强的队员。本方进攻队员在时间和位置上进行协调配合，合理选择扣球的突破口，造成以多打少的局面。

（3）根据对方队员的站位，攻其不备，进行"二次攻"。

4. 扣球个人战术

扣球个人战术是指扣球队员根据比赛中对方拦网和防守情况，选择合理的扣球战术和路线，更有效地突破对方的拦网。扣球个人战术主要有以下几种：

（1）扣球时，采用直线和斜线结合，长线和短线结合。

（2）利用助跑路线和扣球线路的不同，掩护队友进行进攻，利用时间差、位置差、空间差进行进攻。

（3）运用转体、转腕等扣球技术，突然改变扣球线路，避开对方拦网队员。

（4）突然进行"二次攻"，造成对方空网或拦网一对一的有利进攻局面。

（5）运用轻扣或吊球技术，使球随拦网队员一同下落，增加拦网队员自我保护球的难度。

5. 拦网个人战术

拦网个人战术是指拦网队员根据对方扣球的情况，利用时间、空间等变化因素，采用不同手法，达到阻拦对方进攻的技术。

（1）拦网队员采用拦直线起跳向侧伸臂拦斜线进攻或在拦斜线位置起跳拦直线进攻。

（2）如发现对方要打手出界，要及时将手收回，造成对方扣球出界。

（3）如遇对方轻吊球，则拦网队员要主动出击，利用压腕动作将球拦回。

6. 接扣球个人战术

接扣球个人战术的任务是队员在防守时，选择最有利的位置，并采用合理的接球动作，按战术要求将球防起。接扣球个人战术有以下几个方面：

（1）在选择前后位置时，应根据对方二传与网和球的位置，以及对方进攻队员击球点的高低来选择防守位置。

（2）根据对方扣球的特点，采取相应的防守行动，如对方只吊不打，则取位要靠前；如对方打直线时，应放弃斜线的防守等。

（3）防守位置还取决于本队队员的拦网位置，主动选择防守位置加以配合和补位，重点防守前排拦网空位。

三、气排球集体战术

（一）集体战术的概念

气排球集体战术是指在气排球比赛中，为了突破对方防守或抑制对方进攻，灵活运用各种合理的攻防技术，并按照一定形式采取的有组织、有目的、有针对性的集体配合行动。

（二）气排球进攻战术

1. 五人制气排球进攻战术

（1）"中二三"进攻阵型是由 3 号位队员站在网前担任二传，将球传给 2、4 号位或后排队员三点进攻的组织形式。一传队员向 3 号位垫球比较容易，因而有利于进攻。但该阵型前排进攻战术变化较少，进攻意图容易被对方识破从而进行针对性拦防。

（2）"边二三"进攻阵型是指 2 号位队员担任二传，将球传给 3、4 号位或者后排队员的进攻组织形式。"边二三"进攻阵型的运用主要是 3、4 号位之间的战术掩护、配合，以及进攻队员和二传队员之间的默契程度。"边二三"进攻阵型的运用可以打出意想不到的战术效果，对队员之间的配合要求较高。

（3）"插上"进攻阵型是指后排队员插到 2 号位担任二传，将球传递给前排三名队员或后排队员的进攻组织形式。"插上"进攻阵型主要体现在三个进攻队员之间的配合上，具体有跑动时机、掩护配合等，此外，二传队员要主动寻求与进攻队员之间的配合，利用快速的跑动掩护，避开对方的针对性拦网，从而达到良好的战术效果。二传插上时要注意插上的时机以及后撤保护的时机。

2. 四人制气排球进攻战术

（1）"一二一"进攻阵型：主二传突出靠网前，以左右两点（人）进攻为主,中间一点进攻为辅。该阵式进攻位置清楚,二传给球有规律,易掌握,但战术意图明显,容易被对方识破。

(2)"二二"进攻阵型:前、后排各站两人,每人负责一定场区上的攻防,前排随机,不接一传的队员为二传,进攻点不固定,要求全体队员能攻善守,技术全面、均衡。

(3)"插上"进攻阵型:当主二传轮转到后排,仍按规则换位到前排。

(4)非常规快速进攻战术:接发球者传球给进攻者直接扣球,加快进攻速度和突然性,对对方直接击打过来的高球,可立即打"探头球",但仍需进攻线后起跳。

(三) 气排球防守战术

气排球防守战术是组织防反的基础,如果没有严密的防守,进攻会变得毫无组织。

1. 接发球防守阵型

(1)五人制气排球接发球防守阵型。

除一名二传队员站在网前或隐蔽站位不接一传外,其余四人均承担一传任务,这是一种常见的比赛站位。

①"弧"式站位:是指前排3号位队员不接球,其余四名队员接一传球的阵型,如图3-22所示。该阵型的优点是人员均衡分布,每人接发球的范围相对较少,在接发球时,已形成基本的进攻阵型,便于球队组织进攻。但其缺点是队员之间空白地带较多,如配合不默契,容易相互干扰。

②"一三一"站位:有一名前排队员站立于网前担任二传,剩余四名队员中指定一名队员主接一传,其防守面积最大,其余三人辅助接一传,防守面积较小。该站位的特点是每名队员的任务明确,同时便于组织进攻战术。

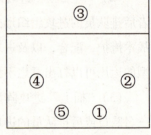

图3-22 "弧"式站位

(2)四人制气排球接发球防守阵型。

一名队员站在网前不接一传,其余三名队员均承担接一传的任务。比赛中,在三名接发球队员中，一名队员为主接队员，其余两名队员辅助接球。该种阵型的特点是职责分明，便于进行战术进攻。

2. 接扣球防守阵型

接扣球防守阵型由前排拦网和后排防守组成。根据拦网的参与人数，可分为无人拦网、单人拦网、双人拦网、三人拦网的防守阵型。三人拦网的防守阵型用于五人制比赛。

（1）五人制气排球接扣球防守阵型。

① 无人拦网的防守阵型。

其站位方法类似于四人接发球体系，一般适用于初学者或对方进攻压力不大时。当采用"弧"式进攻阵型时，由前排3号位队员站立于网前，2、4号位队员后撤中场防守，1、5号位队员防后场。当采用"一三一"进攻阵型时，二传队员站立于网前，另一名主接队员站立于中间位置，其他三名队员按照位置关系防守在各自场区。

② 单人拦网的防守阵型。

适用于对方进攻压力不大、进攻线路单一，或是被对方掩护队员迷惑、本方无法组织起集体拦网时所采用。单人拦网的防守阵型的优点是增加后排防守人数，便于组织防反；其缺点是当对方进攻队员进攻能力较强时，单人拦网对对方进攻的威胁不大。

③ 双人拦网的防守阵型。

当对方进攻威力大、进攻线路变化多时，单人拦网不足以阻止对方进攻，多采用双人拦网的防守阵型。该阵型是气排球比赛中较常见的战术形式。双人拦网主要由前排三名队员中的两名队员组成。双人拦网的防守阵型主要有"心跟进""边跟进"两种形式。

"心跟进"防守阵型：这种防守阵型称为"5号位跟进"，一般适用于对方打、吊结合为主的进攻战术。其优点是加强网前防守力量；其缺点是后排队员防守空位较大，防守力量减弱。

"边跟进"防守阵型：这种防守阵型由1号位或5号位跟进保护，俗称"马蹄形"防守阵型。这种阵型一般在对方进攻力量较强、战术变化较多时采用。其优点是能针对性地防守对方重扣球，便于立即组织反击；其缺点是容易造成"心空"，球场中间空位较大。

④ 三人拦网的防守阵型。

三人拦网一般适用于对方扣球力量大、进攻路线变化多、吊球少的情况下。三人拦网加强了第一道防线，不过给后排的防守带来困难，防反组织的难度加大。

（2）四人制气排球接扣球防守阵型。

① 无人拦网的防守阵型。

当对方进攻力量不大或者多为推攻时，采用该种防守阵型。其站位是前排2号位队员站在网前做二传，3号位队员后撤至进攻线附近进行防守。该防守阵型的优点是后排防守队员增加，加强了防守能力，同时便于组织防反；其缺点是队员之间中间地带较多，如配合不好，会造成相互干扰，互相影响的情况。

② 单人拦网的防守阵型。

单人拦网适用于对方进攻实力不强、进攻线路单一、本方无法组织起集体拦网的情况。单人拦网防守阵型的优点是增加了后排防守人数，便于组织防反；其缺点是当对方进攻队员进攻能力较强时，单人拦网对对方威胁不大。

③ 双人拦网的防守阵型。

当对方进攻威力大、进攻线路变化多时，单人拦网不足以阻止对方进攻，多采用双人拦网的防守阵型。前排两人拦网，后排两人卡住拦网空位，进行防守。遇对方主攻手强力扣球时，宜使用此阵型。

3. 接拦回球防守阵型

（1）五人制气排球接拦回球防守阵型。

① "一二二"站位：以本方4号位队员进攻为例，3、5号位队员负责防守前场，组成第一道防线；1、2号位队员防守中场和后场，组成第二道防线。这种站位一般在对方拦网有高度、扣球落点大都在近网时所采用。

② "一三一"站位：以本队4号位队员进攻为例，2、3、5号队员组成一个半弧形防守阵型，组成第一道防线；1号位队员保护后场成为第二道防线。这种站位适用于对方拦回球落点较分散时使用。

（2）四人制气排球接拦回球防守阵型。

四人制气排球比赛中接拦回球时，以本方 3 号位队员进攻为例，1 号位跟进保护，与 2、4 号位队员组成一个半弧形防守阵型。

4. 接传、垫球防守阵型

当对方无法组织有效进攻时，被迫用传、垫球的方式将球击过球网，这在比赛中是很好的机会球。由于来球攻击性较小，我方的防守阵型应与无人拦网时的防守阵型相一致。各队员迅速后撤到各自位置，准备接球组织反击。

四、气排球技战术实战解析

随着气排球运动的普及与推广，广大的气排球爱好者已不再满足于一般的打法，而是有了更高的追求，尤其在技战术方面。随着技战术研究水平的不断提高，气排球运动变得更具观赏性，其爱好者人群已不仅是中老年人，在青年人群体中也不断发展，因此，对气排球技战术进行实战解析是非常必要的。下面详细介绍气排球技术在不同情况下的具体运用。

（一）准备姿势与移动中的运用

准备姿势与移动是气排球技术的基础动作，任何位置的队员都不能忽视这一项基础的环节。准备姿势与移动，大都同各种传、垫球和拦网的技术联系在一起，其质量在一定程度上会影响随后出现的技术动作的效果。

在气排球比赛的配合过程中，当一人击球时，其余的人员都应有相应的行动。如本方发球时，前排队员应准备拦网，后排队员应立即进入防守状态，如图 3-23 所示；一传队员接发球或防守时，其余的队员应同时准备保护与接应，如图 3-24 所示；二传队员后排插上，其相邻近的队员注意自己的站位，避免出现位置错误，如图 3-25 所示；拦网时，不参加拦网者应后撤防守或保护，如图 3-26 所示；二传组织进攻时，所有的进攻队员应积极准备扣球，其余的同伴应随时准备保护，如图 3-27 所示；同伴在救球时，周围队员应准备完成下一次击球，如图 3-28 所示。

图 3-23　发球时队员状态

图 3-24　一传时队员状态

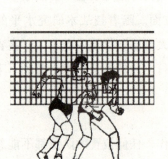
图 3-25　二传时队员状态

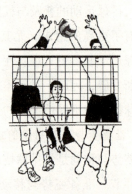
图 3-26　拦网时队员状态

图 3-27　扣球时队员状态

图 3-28　防守时队员状态

移动对于进攻与防守双方来说，都是不可缺少的技术动作，图3-29 是队员移动到4号位进攻。移动能力不仅是进攻能力的体现，快速、准确的移动对于地面防守的作用也同样不能低估。有调查显示，规则所倡导的攻守平衡理论，放宽后排防守第一次击球的判罚尺度，使运动员的活动范围扩大，长距离的跑动及接触地面的救球，让人们越来越认识到移动的重要性。图3-30 所示为远距离的跑动救球。

图3-29　4号位进攻

图3-30　跑动救球

（二）发球中的运用

比赛中发球是一项"先发制人"的技术，应在强调加强发球攻击性的前提下提高准确性，在保证发球稳定性的前提下加强攻击性。在每球得分制规则的指导思想下，片面强调发球攻击性而偏废准确性和稳定性，都不适宜。

1. 大力跳发球

大力跳发球（图3-31）力量大、速度快、技术难度大、体能要求高、得分和破攻率比其他发球要高，但同时也容易造成发球失误。比赛中，发球者如采用跳

图3-31　大力跳发球

发大力球应审时度势、量力而行、胆大心细。

2. 跳发飘球

与跳发大力球相比,跳发飘球(图3-32)虽然在力量和速度上不及前者,但在球的性能变化、轨迹与落点的控制上,以及稳定性方面有其显著的优点。发球者若能将跳发飘球与跳发大力球有机地结合,根据场上的情况灵活运用,这无疑会给对手接发球造成极大的困难。

图3-32 跳发飘球

3. 其他种类发球

正面上手发球(图3-33)、勾手发飘球(图3-34)、勾手大力发球(图3-35)等发球技术,都有着明显的阶段性发展过程,各个时期的发球也体现出当时的攻击性,它的发展和进步是与接发球水平不断提高相适应的。对于初学者来说,掌握进攻性一般的发球,有利于使参与气排球运动的人尽快从气排球比赛中找到乐趣,有利于比赛和练习的双方同步提高技战术水平。此外,在比赛中寻找对方弱点、变化发球性能及落点也需要尝试不同的发球方法,以达到破坏对方接发球节奏的目的。

图3-33 正面上手发球　　图3-34 勾手发飘球　　图3-35 勾手大力发球

（三）扣球中的运用

扣球是气排球运动中制胜的重要因素，是得分的重要手段。扣球技术也是衡量一个球队整体技术水平的重要标志之一。比赛中，扣球者采用以高度取胜、以速度取胜、以力量取胜、以节奏变化取胜、以技巧取胜等扣球的方法，应视临场具体情况而定，要根据一传情况，二传球的角度、弧度和速度，对方拦网与防守的布局，以及战术需要，灵活运用扣球的技术和技巧。

1. 强攻

凭借个人能力高举高打，强行突破对方拦防的打法称为强攻。强攻扣球往往会面临对方双人拦网或三人拦网，此时主攻手的心理压力较大，既要敢打敢拼，又要讲究技巧。避强击弱、打手出界、突袭空位、打吊结合、控制落点等措施极大地丰富了强攻的打法内容。图3-36是突破单人拦网强攻，图3-37是在多人拦网下强攻。

图3-36 突破单人拦网强攻

图3-37 多人拦网下强攻

2. 快攻

各种平快扣球及以平快扣球掩护同伴进攻或自我掩护进攻的打法都称为快攻。以3号位快球为中心的快攻，要吸引对方队员拦网起跳，或牵制对方组成有效的集体拦网。实扣和虚扣动作要有同一性，助跑起跳要积极，实扣要有突然性，虚扣要能起到掩护的作用，真真假假、虚虚实实，才能打乱对方的拦网和防守布局，如图3-38所示。

图3-38 快攻

(四) 拦网中的运用

拦网是防守的第一道防线，是得分的重要手段，是兼备攻防两种功能的技术。拦网是同扣球相对立的技术，有什么样的扣球技术和进攻战术，就应采用与之相对应的拦网策略。

1. 拦高球

拦高球（图3-39）的成败，一要准确地判断扣球的时间与路线，以便找准拦网起跳时间和拦截区域；二要根据对方扣球者的助跑起跳方向和击球动作以及扣球者的个人特点，来判断与捕捉其扣球的时间与路线，以便选择正确的拦网时机与拦截空间。两侧拦网者在拦网时，两手用力应由外向内，靠外侧的手掌应向内倾斜把球包住，以防球被打手出界。

图3-39　拦高球

图3-40　拦平快球

2. 拦平快球

拦平快球（图3-40）如同与对手短兵相接，时间短促，转瞬即逝。要善于察言观色、审时度势，及时掌握对手心理状态及可能采取的进攻策略，针锋相对，以变应变，取得网上争夺的优势。对于出现拦网空跳和拦网晚跳的情况，切忌心急乱了方寸，应尽快调整拦网对策，及时捕捉好战机，力争一举成功。

3. 拦掩护进攻球

对于多人跑动参与进攻，拦网者之间应加强配合，适时调整拦网策略，主次分明，分工合作，有取有舍，相互支援。如来不及准确对位，也应利用拦网者空中的身体移位，使拦网的手尽可能接近扣球，即使拦不到球也会迫使扣球者减缓扣球的力量，降低后排防守的难度。拦掩护进攻球，空跳之后的二次起跳拦网，虽说在拦网的高度上会受到很大的影响，但坚持拦网还会出现转机，特别是拦起和拦回的情况出现，能极大地鼓舞防守一方的士气。因此，对于拦网者来说，不要轻易放弃拦网的机会。

（五）应急情况下击球时的运用

随着气排球比赛中进攻水平的不断提高，那种单纯依靠手和手臂击球的动作要防起迅雷不及掩耳般的扣球是相当困难的。为了促进攻守平衡，积极鼓励防守技术的发展，逐渐形成了应急情况下手、脚、身全方位的击球。应急情况下的击球，尽管在比赛中出现的频率不是很高，但在比赛中绝不能轻易放弃，有些教材和专业教科书未作重点介绍，本书在此做一次尝试性交流。

1. 头部击球动作学习方法

头部击球动作又可分为被动触球和主动顶球两种。头部被动触球会在拦网情况下出现，头部主动击球则可以根据场上的应急情况，灵活运用头部合适位置顶球，这主要取决于运动员的反应速度与应变技巧。

头部被动触球：前排队员拦网时，由于拦网队员的手型及身体位置不佳，造成手臂与球之间的空隙较大，来球直接或间接触到拦网队员的头部，这种情况下往往连同拦网动作不被认为是一次击球，仅作为拦网的触球，在实战中只强调这方面的意识即可。

头部主动顶球：头部顶球无论是否有意，不能简单地加以肯定或否定，因为刻意去使用，势必给人以画蛇添足的感觉，特定情况下偶尔出现头部顶球是可以接受的（图3-41）。

（1）学习的重点与难点。

头部顶球的关键是位置和角度，用力则并不是主要，处理球时过分强调用力的大小与落点位置是不现实的。

图3-41　头部主动顶球

(2) 学习方法与手段。

头部击球的学习方法与手段多安排在准备活动的游戏中或熟悉球性的辅助练习中，这样既不会占用较多的学习和练习时间，又可以为应急情况下击球做好必要准备。

• 双人或多人相互间用头部顶球进行传递，尽量使球不落地，可记数进行游戏比赛。

• 利用气排球场地进行足式气排球赛，可允许球落地，落地记一次击球次数，双方仍规定三次击球过网，如双方水平较低，也可取消击球次数的规定，以增加来回击球的次数。

2. 肩肘部击球动作学习方法

在平时的教学课和训练课中，对于非常规情况下肩肘部击球（图3-42）不应回避。这里需解释的是肩肘部击球，限定在运动员的肩膀到手臂肘关节处这一段位置，由于肩关节的灵活性以及活动范围较大，以肩部带动肘部击球应该可以被认可。当然，如果能够用手臂去击球，还是应毫不犹豫地去执行。

图3-42　肩肘部击球

(1) 学习的重点与难点。

肩肘部击球动作本身技术含量并不高，问题的核心是如何控制球，如果片面追求动作的统一性是没有意义的。

(2) 学习方法与手段。

可以模仿教练的动作，个人练习结合各种熟悉球性的活动。如果能用游戏的形式进行，就更能够体现动作练习安排的合理性。

3. 脚踢击球动作学习方法

脚踢击球动作在实战中的运用次数还是有一定比例的，认识到位也是练好脚踢击球的前提（图3-43、图3-44）。用脚踢球一般在下意识的状态下出现，是迫不得已的下策，不必主动为之。

图3-43 脚踢击球1　　　图3-44 脚踢击球2

（1）学习的重点与难点。

脚踢击球作为一项单独技术去学习、掌握有一定好处，学习的重点是脚踢球的灵活性，但难点是划分动作标准，不可能以足球运动员的标准去衡量气排球运动员，因此，对气排球运动员使用脚踢击球更多是以在比赛中的效果来评价。

（2）学习方法与手段。

尽量在气排球训练的准备部分和基本部分前阶段安排一定量的脚踢击球练习，将脚踢击球作为游戏练习的内容，有一定的身体对抗接触，可以激发斗志、活跃气氛。基本部分选择一些有代表性脚踢击球动作作为过渡性内容，进而为提升后面的运动量和运动强度做一些铺垫。

总之，气排球运动的发展对运动员的临场反应和应变能力提出了越来越高的要求，比赛中出现应急情况下的非规范动作击球也在所难免。虽然气排球的规则规定运动员身体的任何部位都可以触球，但刻意去使用或尝试一些不必要的触球部位，这也是不可取的。

知识窗5：二次球进攻需注意的几个问题

气排球比赛中，我们经常可以看到配合默契的二次球进攻的精彩战术，既简单实用又赏心悦目，那么为什么在排球比赛中运用较少的二次球进攻战术反而在气排球比赛中运用较多呢？大家知道，气排球跟传统排球相比有许多不同：气排球球体大且质轻,场地小且网低等。气排球的这些特性使得球的运行速度和手感以及场上节奏都发生了不同于传统排球的微妙变化。节奏的变慢和场地的变小使得拦网更容易奏效,而进攻的空间则被明显地压缩了许多。二次球进攻战术的运用正是以快变思路,用时间换空间,避开对方拦网,发展进攻空间的有效手段。所以在气排球比赛中会经常上演二次球进攻的好戏。

想要打好二次球进攻,应注意以下几个方面的问题:

1. 一攻二次球。

(1) 最好是在对方发威胁不大的"菜球"时实施二次球进攻战术。因为这时一传队员较容易将来球直接送到进攻位(3号位送4号位、2号位,或2号位、1号位送4号位,或5号位、4号位送2号位)。

(2) 一传队员直接送进攻位的球应稍拉开些并稍高些(一般应比"半高球"再高些)。这样有利于进攻手有较充裕的进攻和转移时间。但也不宜太高,否则会给对方三人拦网提供时间。

(3) 二次球进攻手应迅速做出判断并上步(一般不宜超两步),做出扣球动作。

(4) 若此时对方拦网人数不多且移动不到位,则应果断出手扣球;如不利扣球(主要视对方而定),则应迅速将扣球动作改为跳传,把球"平拉开"或"半高球"转移到远端攻手位,以有效避开对方拦网。这就变成二次转移进攻。

2. 防反中的二次球。

这是二次球甚至一次球进攻应用成功率最高的阶段。

(1) 在任何位置(最好是中前区位)接到对方的吊球和无威胁处理来球时,都可有意识地把球直接送到攻手位进行二次球扣球。

(2) 送球不宜过高,以快球、"半高球"、"平拉开"为主。攻手应迅速上步扣球,以快制胜,俗称"对不上点"。若一传球太高,就失去了二次球进攻快速突破的作用和意义,较快的二次球才是避开拦网的关键。

(3) 若对方拦网已到位,不利于二次球进攻时,可佯攻将球转移到远端,形成一对一或空门扣球。

（4）有人说，防反中的二次球或一次球进攻其实就是打"乱球"，但这种"乱球"正是气排球不同于传统排球打法的重要特征之一。

有人说："气排球能打一次不打二次，能打二次不打三次。"这句话是有一定道理的，往往能收到事半功倍的奇效。

第四章　气排球运动的损伤与防治

第一节　气排球运动的损伤分类

人们在气排球运动中所发生的损伤往往与技战术以及动作特点密切相关,也与训练水平、运动环境和条件等因素有关。对运动损伤进行一定的分类,有助于运动损伤的治疗和康复,也可为合理安排运动锻炼提供科学的依据和实践指导。

（一）以伤口种类为依据进行分类

按此标准可以分为两大类,即开放性损伤和闭合性损伤。

1. 开放性损伤

受伤后的皮肤、黏膜遭到破坏,其完整性不复存在,受伤组织有伤口与外界相通,可见有出血、渗液等异常现象。如擦伤、撕裂伤、切伤及刺伤等损伤。

2. 闭合性损伤

受伤后的皮肤黏膜依然保持完整,受伤组织未见有伤口与外界相通。如肌肉韧带拉伤、关节韧带扭伤等损伤。

（二）以受伤部位为依据进行分类

按此标准可以将运动性损伤分为皮肤损伤、骨关节损伤和肌肉韧带损伤三类。

1. 皮肤损伤

比较具有代表性的有擦伤、撕裂伤、切伤及刺伤等。

2. 骨关节损伤

比较具有代表性的有骨折、骨裂、关节脱位、软骨及骨骺损伤等。

3. 肌肉韧带损伤

比较具有代表性的有挫伤、拉伤、扭伤、断裂等。

（三）以损伤程度为依据进行分类

按此标准可将运动性损伤分为轻度、中度和重度三类。

1. 轻度损伤

这类损伤一般不丧失工作能力。

2. 中度损伤

这类损伤丧失工作能力 24 小时以上，并需要门诊治疗。

3. 重度损伤

这类损伤需要长期住院治疗。

（四）以损伤发生的缓急程度为依据进行分类

按此标准可以将运动性损伤分为急性损伤和慢性损伤两类。

1. 急性损伤

遭受一次直接或间接外力作用而造成的损伤。其特点主要是起病急，伤后症状迅速出现，病程大多较短。

2. 慢性损伤

慢性损伤的特点主要为发病缓慢，症状渐起，病程迁延。慢性损伤按照病因又可分为陈旧性损伤和劳损两类。其中陈旧性损伤是指急性损伤后因处理不当而反复发作的损伤；劳损则是指由于某局部运动负荷长期过度，超出了组织所能承受的能力，致使该部位微细损伤逐渐积累而造成的损伤。

第二节 | 气排球运动的身体不良反应与防治

一、呼吸困难

（一）原因

气排球运动中，人们有时候会出现呼吸困难的情况，这是运动本身造成的。

如运动一开始就连续快速移动、连续扣球、连续起跳拦网等。运动性呼吸困难又叫作精神性呼吸困难，而产生运动性呼吸困难的重要原因是在运动初期，人体的代谢功能需要一段时间去适应，在转化的过程中就会出现能量供应不足的情况，从而导致呼吸困难。

（二）症状

身体极度疲劳，四肢无力，面色苍白，胸闷气短，呼吸困难。通常感觉此时身体似乎已经达到了极限，不能再继续进行运动了。

（三）处理

运动性呼吸困难是一种正常的运动反应，如果将运动强度降低，情况就会有所缓解。

（四）预防

做好准备活动，加强耐力性锻炼，增强身体素质。

二、肌肉酸胀

（一）原因

气排球运动中，发生肌肉酸痛一般在一次运动量较大的锻炼后，或隔了较长的时间没有训练，刚开始恢复锻炼之后。这种酸痛的发生不是在运动结束后即刻产生，而是发生在运动后数小时到 24 小时左右出现，通常持续时间为 1～3 天。

运动后肌肉酸痛的原因是，运动时肌肉运动量大，引起局部肌纤维及结缔组织的细微损伤以及部分毛细纤维的痉挛所致。

（二）症状

大强度运动后的数小时到 24 小时左右出现的肌肉酸痛，称为延迟性肌肉酸痛，通常持续时间为 1～3 天。

（三）处理

（1）热敷。可对酸痛的肌肉进行热敷，有助于结缔组织的修复。

（2）伸展练习。可以对肌肉进行牵拉练习，保持伸展状态 2 分钟，然后休息 1 分钟，重复进行，每天做几次这样的练习，有助于缓解痉挛。但不可用力过猛,以免牵拉肌纤维损伤。

(3) 按摩。按摩有使肌肉放松、促进血液循环的作用,有助于损伤修复及痉挛缓解。

(四) 预防

(1) 根据个人不同的体质、不同的身体状况,科学地安排锻炼负荷。

(2) 锻炼时,尽量避免长时间锻炼身体的某一部分,以免局部肌肉负荷过重。

(3) 准备活动中,注意对即将练习时活动负荷重的肌肉活动得更充分一些,对损伤有预防作用。

(4) 整理活动除进行一般性的放松练习外,还应重视进行肌肉的伸展牵拉练习,这种伸展性练习有助于预防局部肌纤维痉挛,从而避免肌肉酸痛。

三、腹痛

气排球运动中的腹痛,是指由于运动本身引起或诱发的腹部疼痛,是运动中常见的症状,时常在运动过程中或运动结束时发生,以右上腹痛为多见。

(一) 原因

运动中腹痛的发生与运动员的身体机能状况、训练水平、运动前准备活动情况以及运动前饮食状况等因素有关。这些因素往往是运动中腹痛的潜在原因。在原发性疾病的基础上由于运动而诱发腹痛也是引起运动中腹痛的原因。

1. 肝脾瘀血

肝脾瘀血发生的主要原因是运动员准备活动不充分、心肺功能水平低下以及运动中呼吸动作的协调性较差。如果运动前的准备活动不充分或者准备活动的运动强度过大,会使得内脏器官的生理惰性没有完全消除,内脏器官的机能就不能满足剧烈运动的需要。尤其是在循环系统功能低下、心肌收缩力较弱的情况下,下腔静脉压增高,从而造成肝脾瘀血肿胀,增加了肝脾被膜张力,使肝脾被膜上的神经受到牵扯而产生腹部疼痛。

2. 胃肠道痉挛或胃肠功能紊乱

运动时发生胃肠道痉挛，可能是剧烈运动使血液重新分布，骨骼肌血流量增加，胃肠道血流量减少，大量血液从腹腔内转移到了骨骼肌，导致胃肠道缺血、缺氧，引起胃肠痉挛和功能紊乱。另外，运动前饮食不合理也会造成胃肠痉挛。比如，饭后过早参加运动，运动前吃得过饱、喝水过多，空腹运动，以及运动前吃了易产生气体或难消化的食物，都可造成胃肠道蠕动增强或痉挛而引起腹痛。

3. 呼吸肌痉挛

气排球运动中，呼吸动作不协调，呼吸与运动节奏不合理，呼吸急促、表浅，可使得肋间肌、膈肌等呼吸肌收缩过于频繁，严重者出现痉挛性收缩而引起腹痛。腹痛一般为钝痛，以季肋部和下胸部疼痛最为常见。因为与呼吸活动有关，当呼吸加深时，疼痛明显。

（二）症状

运动中腹痛程度与运动强度、运动量大小密切相关。在低强度和小运动量运动时，腹痛往往不明显，而运动强度和运动量增加时腹痛随之加剧。直接由运动引起的腹痛，多数为钝痛、胀痛。腹腔脏器有病变者，则多为锐痛、牵扯痛、钻顶样痛及阵发性绞痛等。

（三）处理

运动中出现腹痛，首先适当减小运动强度，调整呼吸节奏，加深呼吸，同时用手按压疼痛的部位或弯腰跑一段，一般疼痛可得到缓解。如经上述处理，疼痛仍然不能缓解，则应停止运动，并对腹部热敷，如果仍然无效，应请医生处理。

（四）预防

（1）遵守训练的科学原则，循序渐进地增加运动量，加强全面训练，以提高人体生理机能。

（2）合理安排饮食，运动前不宜饱餐或饱饮，饭后 1.5～2 小时后才能参加运动。

（3）运动前做好充分的准备活动，运动中调整呼吸节奏，中长跑时合理分配速度，注意呼吸和动作的协调性。

(4) 对各种疾病引起的腹痛, 应积极、彻底地治疗原发病, 同时在医生的指导下进行体育活动。

四、中暑

中暑是由高温环境引起的, 以体温调节中枢功能障碍、汗腺功能衰竭, 以及水、电解质丢失过多为特点的疾病。

(一) 原因

正常人的体温一般恒定在37℃左右, 是受体温调节中枢控制, 在下丘脑体温调节中枢控制下产热与散热平衡的结果。中暑是指肌肉运动时产生的热量超过身体散发的热量而造成运动员体内的过热状态, 多见于年轻的锻炼者以及在炎热季节进行长时间训练和比赛者。

在剧烈运动时, 由于人体出汗过多, 导致水盐代谢紊乱, 血中氯化钠浓度降低, 引起肌肉兴奋性增高, 导致肌肉痉挛。如未及时补充水、盐, 继续出汗, 可导致水、血液浓缩, 血容量不足, 引起周围循环衰竭而发生热衰竭。

(二) 症状

根据发病机制和临床表现不同, 常见以下两类综合征。

1. 中暑高热

中暑高热又称为热射病, 往往在高温环境下训练或工作数小时后发病, 以高热无汗、昏迷为特征。轻症患者呈虚弱状态, 出现疲乏、头昏、头痛、口渴和多汗等症状, 并伴体温升高, 脉搏和呼吸增快。重症患者出现高热无汗昏迷症状。严重者可因心力衰竭或呼吸衰竭而致死。

2. 中暑痉挛

运动时大量出汗引起氯化钠丢失, 导致肌肉兴奋性增高, 发生肌肉疼痛和肌肉痉挛, 称为热痉挛。轻者只是对称性肌肉抽搐, 重者大肌群发生痉挛, 并呈阵发性。

(三) 处理

运动性中暑较容易诊断。在炎热天气下剧烈运动或长时间运动, 健康者骤然出现虚脱，首先应想到运动性中暑。各种类型的中暑患者，按临床表现轻重可分为轻症和重症。轻症患者经过休息和一般对症处理即可好转。重症患者应立即离开高温的环境进行抢救，严重者要及时送往医院抢救。

1. 中暑高热者

对中暑高热者，采用迅速有效的全身降温措施，积极使用物理降温和药物降温方法。物理降温可用冷水（冰水）浴，温度保持在10℃左右；酒精擦浴，以50%酒精溶液擦洗全身较大动脉行走部位、面部、胸部，但腹部和外生殖器不宜擦浴。对呼吸困难者应给氧，昏迷者可针刺人中、涌泉等穴位。

2. 中暑痉挛

根据发病原因，对中暑痉挛者，主要是要迅速纠正水盐代谢紊乱，可静脉注射生理盐水或5%葡萄糖盐液。神志清醒者可口服含氯化钠饮料，神智昏迷者可针刺人中穴、涌泉等穴位。肌肉痉挛者可牵伸痉挛的肌肉，使之缓解，并做四肢推摩，严重者送医院抢救。

（四）预防

1. 训练时间和运动服装

高温环境下运动应合理安排训练和比赛时间，在比赛和训练时，运动员应穿有利于排汗散热的浅色薄型透气的丝、棉织品，戴遮阳帽（比赛规则允许范围内）。

2. 普及中暑知识和预备防暑降温饮品

让运动员了解中暑的早期症状，如口渴、大量出汗、注意力不集中、四肢乏力、步态不稳和头昏眼花等，一旦出现症状酌情停止运动。另外，高温季节准备防暑降温饮料（低渗含糖盐饮料）。长时间的运动，可在训练或比赛中每隔20分钟左右供给100~200毫升的低渗含糖盐饮料。运动中大量出汗者，运动结束后也应注意补充适量的糖盐水。

3. 结合热适应性训练

通过热适应训练，能改善人体的散热能力，防止体温过高。在高温条件下，进行4~8天的循序渐进性练习，能产生对热的适应。热适应性训练一般在正式训练或比赛前一周左右进行。热适应性训练开始时强度不要太大，练习时间约 1 小时，以后运动量逐日增加。

五、运动性昏厥

昏厥是指暂时性脑供血不足或血中化学物质变化所致的意识短暂紊乱或丧失，也是运动应激综合征的一种表现形式。昏厥发生时，大多数表现为突然晕倒、短时间意识丧失，而各种反射依然存在。

（一）原因

由于血压急剧下降和每分钟输出量突然减少引起脑血流量骤减而导致昏厥，因此，凡能引起血压急剧下降和每分钟输出量锐减的因素均可能引起昏厥。

1. 单纯性昏厥

单纯性昏厥是最常见的一种类型，占昏厥病例总数的50%以上，各种人群均可发生，以体质较弱的青年女性多见。常常有明显的诱因，如情绪激动、受到惊吓、见到出血或恐怖场面、接受注射或针灸治疗等，也可见于运动员发生运动应激综合征时。这是由于精神反射使血管紧张性降低，引起急性广泛性周围小血管扩张，血压降低导致脑部缺血、缺氧引起昏厥。

2. 心源性昏厥

心源性昏厥为心脏本身的功能不良而导致的昏厥，如某些先天性心脏疾病、急性心肌梗死、严重的心律失常等。心源性昏厥在青年和中老年中均有发生，以中老年人为多见，特别是患有冠状动脉狭窄的患者在激烈运动时，原已狭窄的冠状动脉不能满足心肌供血需要，引起心肌供血不足而发生昏厥，运动还可激发没有器质性心脏病的人发生心律失常，如阵发性心动过速期间发生短暂的昏厥。

（二）症状

昏倒前，患者感到全身软弱无力、头昏耳鸣、眼前发黑；昏厥时，患者失去知觉，面色苍白、手足发凉。检查可发现患者的脉搏细而弱，血压降低，呼吸减慢。轻度昏厥一般在昏倒后不久由于暂时的脑部缺血得以缓解，能很快恢复知觉，醒后仍有头昏、全身无力等症状。

(三) 处理

发生昏厥后应让患者平卧,头部稍低并偏向一则,以免呕吐物或舌根后坠堵塞呼吸道。松开患者的衣领和腰带,足部略抬高,这可增加脑血流量。注意保暖防暑,同时可以进行双下肢向心性按摩,以促进血液回流。针刺或点掐患者的人中、百会、合谷和涌泉等穴位,一般能很快恢复知觉。患者清醒后可服用热糖水和维生素 C 等,并注意休息。

(四) 预防

昏厥的主要危害在于昏厥发生的瞬间,若摔倒,易引起骨折和外伤,也会导致头颅外伤、窒息等,这些后果远远超过昏厥本身的危害,因而昏厥的预防是十分重要的。坚持科学训练的原则,疾病恢复期或年龄较大者必须按照运动处方进行运动,避免发生过度疲劳等运动性疾病,平时要加强体育锻炼,增强体质,提高健康水平。

知识窗6:高温天老年人应如何进行气排球锻炼

广大老年人夏季进行气排球锻炼时应注意以下几点:

1. 不宜露。锻炼的地点应选择在阴凉地,不宜在日光照射下锻炼。当感到太热出汗时,可适当降低运动强度,放慢速度或休息一下,千万不可脱掉衣服,让凉风直吹身体,否则极易招致风邪侵袭而患病。

2. 不宜激。老年人对高温环境适应性差,耐受力弱,运动时一定要量力而行,循序渐进,舒适为重,不宜激烈和持久。

3. 不宜急。锻炼前应先活动一下身体,放松肌肉,活动关节,以提高运动的兴奋性,防止因骤然锻炼而引发意外损伤。

4. 不宜迟。一日之计在于晨,夏日的清晨空气清新,气候凉爽,故而应选择此时锻炼为佳。应避免在中午或下午锻炼。

5. 不宜空。夏季天气炎热,锻炼时,人体出汗多,水分消耗大,要及时补充足量的水分和盐分,以保持机体水分和电解质平衡。

在进行气排球锻炼后也要做到"三不",才不会造成对身体的伤害。

第四章 气排球运动的损伤与防治

1. 不能立即喝冰饮料。因为它会对胃肠产生强烈的刺激，造成胃疼和消化不良的后果。

2. 不宜立即大量喝水。因为锻炼后能量消耗很多，身体器官需要休息，大量进水会加重胃肠道和心脏的负担。

3. 不宜立即洗冷水澡。因为锻炼使毛孔扩张，皮肤受冷会让毛孔关闭，体内热量无法散失而导致发烧。

第三节 气排球运动的损伤防治

一、擦伤

擦伤是因皮肤表面上受到摩擦而产生的损伤，是一种开放性损伤。

（一）原因

在气排球比赛中，运动员经常会全力以赴地前扑和滚翻救球，难免会与地面接触，因此，身体的表皮组织与地面发生急剧摩擦，造成擦伤。

（二）症状

擦伤是一种常见的运动损伤，它创口比较浅，但一般也会有出血或者组织液渗出的现象，一般人在凝血功能正常的情况下，伤口会自行凝固止血。

（三）处理

（1）轻度擦伤：可以用生理盐水或冷开水冲洗伤口，用过氧化氢消毒，用红汞或抗生素软膏涂抹伤口。伤口较干净者只需要涂抹红药水便可自愈。

（2）重度擦伤：首先要及时止血，不可任意地触碰伤口，避免伤口感染；然后要及时到医院清洗伤口，并用抗菌的药物进行治疗；若伤口较大，还需要及时进行缝合、包扎。

（四）预防

注意场地的器材设备是否安全，切忌在场地不平以及雨后湿滑的场地中进行气排球运动；在倒地时要有自我保护的意识与动作，减小受伤程度；在练习和比

赛时养成佩戴护膝的习惯。

二、手指挫伤

（一）原因

手指挫伤是某一方向的外力直接作用于手指部位，使皮肤组织的连续性遭到破坏，这是经常发生的一种闭合性损伤。

（二）症状

（1）疼痛：多为初轻后重，刚开始为广泛性阵痛，仍可活动，经数小时后，出现剧烈疼痛伴有功能性障碍。

（2）肿胀：伤后即出现皮下组织的局限性血肿，逐渐出现大面积皮下瘀血，且肿胀扩散。

（3）压痛：伤处压痛明显，皮内或皮下组织中有硬结。个别伤者的深部挫伤可继发局部脓肿，也可出现骨化性肌炎。单纯性挫伤后多有疼痛、肿胀、出血症状，常表现出皮肤紫青、局部压痛、功能障碍。挫伤严重伴有并发症者可能出现休克或其他特殊症状。

（三）处理

伤后24小时之内，应立即制动，这是急救处理的关键；然后局部冷敷、加压包扎、抬高伤肢。有条件的可在加压包扎的同时外敷新伤药或活血消肿的草药，内服云南白药、七厘散或止痛药。另外，应注意严密观察，若伤部肿胀不断发展或皮温较高的，应尽快将伤者送往医院进行治疗。受伤24~48小时后，可拆除包扎，进行按摩、热敷和理疗。

（四）预防

在气排球活动中应提高自我保护意识，加强自我保护的能力，使用必要的保护器具。

三、腕指关节软组织损伤

腕指关节软组织损伤是指手在球的外力直接作用下，致使皮下组织、肌肉、韧带或其他组织受伤。

（一）原因

当手指受到撞击、压轧等外力冲击，使手指发生过度背伸、掌屈或扭转时，引起指间关节或掌指关节两侧副韧带、关节囊的损伤。对于初学气排球者而言，由于技术动作的不熟练，完成动作时身体不协调等很容易出现这种损伤。特别是在传球中，当来球的弧度高、速度快时更易造成手指的挫伤；在拦网时，当猛烈的扣球击中拦网队员的手指时，如果当时拦网队员的手指及手腕没有一定的紧张度，就很容易造成手指、手腕的损伤。

（二）症状

指间关节肿胀并伴随疼痛感，手指屈伸困难。

（三）处理

在腕指关节受伤后千万不能立即揉捏，应立即采用冷敷后加压包扎，再去医院诊治。在确诊非骨折后，可在24～48小时后对伤部周围进行热敷或按摩，以加快消炎和消肿。

（四）预防

做好充分的准备活动；打球时不要用手指尖正对来球，应该用指腹去击球；传球时大拇指不要前突，以免挫伤；拦网时手指、手腕要紧张，五指分开，用手掌指腹主动迎球，以防手指被打伤。

四、肩关节损伤

（一）原因

肩关节为多轴关节，关节囊薄而松弛，周围韧带少而弱，因此，它是人体最灵活、稳定性较差、最易发生损伤的一个关节。气排球技术中的发球和扣球动作，需要较强的肩带爆发力，但练球者一般肩部力量普遍较弱，挥臂时动作僵硬，极易造成肩部韧带损伤；再者，频繁地扣球，肩关节长期超范围的转肩活动或挥臂用力等，使肱二头肌长头肌腱在结节间沟内不断抽动或横向滑动，该肌腱的腱鞘受到反复摩擦而产生损伤。

（二）症状

肩关节压点痛或关节轴周围痛，肩关节无法上抬，挥臂就疼痛。

（三）处理

立即停止活动，适当休息。在 24~48 小时后可进行理疗、按摩、外敷中药或针灸等治疗。

（四）预防

做好充分的准备活动，在发球或扣球前进行充分的肩关节热身活动，将肩关节周围的韧带拉开；练习时注意动作的正确性，动作的强度和力度要适度，要避免局部负荷过大造成损伤；平时应加强肩部的肌肉力量以及肩部的柔韧性练习。

五、膝关节损伤

（一）原因

膝关节受到暴力冲击或过分牵拉、过分屈伸都会使髌骨劳损。气排球运动在跳跃过程中，如踩到其他同伴脚上或踩到球上，往往会使膝关节突然外翻，造成内侧副韧带拉伤。扣球及拦网的跳跃动作和准备姿势的半蹲动作会使膝关节髌骨劳损。

（二）症状

这是闭合性软组织损伤，即局部皮肤和黏膜完整无裂口的组织内损伤。半月板损伤会使膝关节局部肿胀，关节间隙压痛活动受阻；髌骨劳损会产生局部酸痛，活动时减轻，活动后加重，没有明显的疼痛部位，严重时会在关节内结液。

（三）处理

膝关节内侧副韧带拉伤、半月板损伤及髌骨劳损发生后，应立即停止运动，局部冷敷，切不可用热水擦洗，然后去医院诊治。

（四）预防

从思想上加以重视，了解气排球运动的特点以及易发生损伤的部位和情境，从而在练习中更好地把控自己的动作；做好充分的准备活动，使膝关节周围的肌肉、韧带得到充分的活动；加强股四头肌的力量，练习中避免暴力冲撞。

六、踝关节扭伤

（一）原因

当踝关节活动范围超过正常限度时，附在关节周围的韧带、肌腱、肌肉撕裂而造成。在跳跃过程中，如踩到其他同伴脚上或踩到球上，往往使踝关节内翻或外翻（多见内翻），造成踝关节内侧副韧带损伤。

（二）症状

临床症状表现为疼痛及发生的肌肉保护性痉挛，产生局部红、肿、热、痛及功能障碍等一系列急性炎症的症状。其他还有踝关节不稳、皮下瘀血、走路跛行等症状。

（三）处理

立即使用冷敷止血，防止继续内出血，并防肿、镇痛和加压包扎，抬高伤肢。切不可用热水擦洗，严重者立即去医院诊治。在确诊非骨折后，24~48小时后可对伤部周围进行热敷或按摩，同时敷以创伤膏，以加快消炎和消肿。在治疗期间，虽然急性炎症已逐渐消退，但仍有瘀血和肿涨，注意保护踝关节不能再度损伤，以保证组织新陈代谢，促进再生修复，防止粘连形成。

（四）预防

做好充分的准备活动，使踝关节周围的肌肉、韧带得到充分的活动，促进血液循环；在跳起下落时若踩到别人的脚或球后应顺势倒下，注意自我保护动作；平时加强踝关节周围肌肉力量和软组织柔软性练习。

七、肌肉拉伤

（一）原因

（1）准备活动不充分，肌肉的生理机能尚未达到适应活动所需要的状态。

（2）训练水平不够，肌肉的弹性、伸展性和肌肉力量都比较差。

（3）疲劳或负荷过度，使肌肉机能降低，力量减弱，协调性下降。

（4）技术动作不正确，动作粗暴和用力过猛。

(5) 气温太低，湿度大，场地不良等。

上述原因均可使肌肉猛烈收缩，超过了它的负荷能力或突然被动拉长，超过了它的伸展性时，都可发生拉伤。肌肉拉伤多发生在肌肉的起止点、肌腹或肌腹与肌腱交界处，轻者为微细结构拉伤，较重者为肌纤维部分断裂，严重时可出现肌肉完全断裂，有时会有合并肌肉筋膜和腱鞘损伤。运动训练中，肌肉拉伤多发于小腿、股四头肌、股内收肌群、腰背肌、腹直肌、小腿三头肌、比目鱼肌、斜方肌和肩袖肌等。

（二）症状

疼痛、肿胀、触压痛，肌肉紧张或痉挛，触觉硬，功能障碍。当受伤肌肉主动收缩或者被动拉长时，均可使疼痛加重，抗阻试验为阳性。遇有肌肉严重拉伤撕裂者，伤时可听见撕裂声，肿胀明显，皮下瘀血严重，局部可触及凹陷，成一端异常膨大。

（三）处理

部分肌纤维断裂时，早期用冷敷、加压包扎；24小时后可在局部做按摩或注射药物；肌肉完全断裂者，采取手术急救缝合。

伤后训练安排：部分断裂者，伤后2～3天避免做重复致伤动作，可做腱侧肢体和其他部位的力量练习，3天后可进行功能性练习。一周后，逐渐增加肌力和柔韧性练习，伸展时以不引起伤处疼痛为度。两周后，症状基本消除，可在保护支持带的帮助下开始正规训练，注意做好准备活动。肌肉完全断裂者，应立即停训，卧床治疗。

（四）预防

要充分做好准备活动，使肌肉的生理机能达到适应活动所需要的状态，加强肌肉韧性以及弹力练习，掌握正确的技术动作，避免动作粗暴和用力过猛。

八、急性腰扭伤

急性腰扭伤在民间俗称"闪腰"，在临床上较为多见，尤其是体力劳动者。偶然参加运动或劳动，而事先又未做准备活动者最易发生，此种情况则多见于常年坐办公室者。人体在负重活动或体位变换时，使腰部的肌肉、韧带、筋膜、滑膜等受到牵扯、扭转，或肌肉骤然收缩，使少数纤维被拉伤或小关节紊乱，称为急性腰扭伤。

（一）原因

气排球运动中，负荷量过大，超过了脊柱肌肉的负荷能力，肌肉突然强烈收缩致伤；在负重条件下失足或摔倒前，为了维持身体平衡，同样有肌肉强烈收缩而引起损伤；另外，直膝弯腰提重物，不能有效地发挥髋球关节周围大肌肉力量克服重力，致使重力落在腰背筋膜、肌肉和韧带上，使之受伤。

（二）症状

腰部肌肉扭伤，伤处隐痛，局部压痛，随意运动受限。损伤较重时，疼痛显著，脊柱不能伸直，因肌肉痉挛而引起脊柱生理曲线改变。腰扭伤者，疼痛可牵扯到下肢，但仅局限于臀部，大腿后部和小腿感觉正常。

（三）处理

1. 局部制动

这是任何创伤组织修复的基本条件。腰背部肌肉或附着点处的撕裂范围一般较大，因此更需要局部制动，以有利于损伤组织获得正常愈合。否则，过多的活动不仅延长病程，且易转入慢性腰痛，使治疗复杂化。

2. 封闭疗法

对急性腰扭伤、疼痛剧烈并伴有肌肉痉挛者，可采用1%普鲁卡因醋酸氢化可的松1毫升，在痛点处进行封闭注射。

（四）预防

1. 气排球运动前的准备工作

在气排球运动开始前适当活动腰背部，特别是腰部肌肉的拉伸练习和腰部关节的放松练习，以减少腰扭伤的发生。

2. 掌握气排球训练（锻炼）中的要领

在气排球运动中必须遵循动作要领进行训练，切勿盲目蛮干，从而引起损伤。动作要领是经过实践证明的，既可提高竞技能力，又可预防运动损伤，包括运动前的准备工作。另外，要掌握正确的腰部用力方法。

3. 动作要量力而行

在气排球训练或者比赛时，每人均应根据个人的体能量力而行，切勿勉强，以防因发生意外而得不偿失，更不应在极度疲劳的情况下坚持运动。

4. 加强腰部肌肉力量练习

对腰背强度较大的活动，应预先用宽腰带将腰背部保护起来，以增加腰背部肌力；同时，要重点加强对稳定性起主要作用的小肌肉群肌力的练习。

第五章　不同人群的气排球健身

第一节 | 青少年气排球健身

一、气排球健身对青少年身体发育的作用

目前，我国各地大中小学都积极将气排球运动纳入体育课教学中，作为体育运动的基础项目之一。它促进了学校排球运动的发展，提高了学生体质健康水平，有利于发展学生运动技能及提高体育学习的兴趣，促进学生综合素质的提高。同时，也为我国排球运动后备人才的培养奠定了良好的基础。

（一）气排球健身对青少年生理上的作用

（1）气排球健身有利于青少年骨骼、肌肉的生长，增强青少年的心肺功能，改善血液循环系统、呼吸系统、消化系统的机能状况，有利于人体的生长发育，提高抗病能力，增强机体的适应能力。

（2）气排球健身降低了青少年在成年后患上心脏病、高血压、糖尿病等疾病的概率。

（3）气排球健身是增强青少年体质的积极、有效的手段之一。

（4）气排球健身能改善青少年神经系统的调节功能，提高神经系统对身体状况的判断能力，并及时做出准确、迅速的反应，使人体适应内、外环境的变化，保持肌体生命活动的正常进行。

(二) 气排球健身对青少年心理上的作用

(1) 气排球健身具有调节人体紧张情绪的作用，能改善生理和心理状态，恢复体力和精力。

(2) 气排球健身能增进身体健康，使疲劳的身体得到积极的休息，使人能精力充沛地投入学习、工作。

(3) 气排球健身能够舒展身心，有助于睡眠及消除学习带来的压力。

(4) 气排球健身可以陶冶情操，保持健康的心态，从而提高自信心，使个性在融洽的氛围中获得健康、和谐的发展。

二、青少年在进行气排球健身时需要注意的问题

青少年阶段，由于每个人身体的发育状况不同，生活环境、生活习惯、营养状况等也不同，在进行气排球健身时，必须考虑多种因素，注意多项问题。

(一) 培养锻炼的兴趣

兴趣和习惯是坚持体育锻炼的基础，全面的身体素质是提高运动成绩的保障。青少年参与气排球运动，要重点培养锻炼的兴趣，养成良好的运动习惯和终身运动的观念，提升全面提高身体素质的意识。

(二) 选择适宜的运动负荷

青少年神经系统的特点是，兴奋过程占优势，并容易扩散。随着年龄的增长，抑制过程逐渐发展，最后，兴奋和抑制达到均衡。青少年活泼好动，注意力不易集中。因此，青少年进行气排球健身时，持续的时间不宜过长，强度不宜过大。

青少年脉搏的每次输出量和每分钟输出量的绝对值比成年人少，但其相对值（以每千克体重计算）比成年人大，年龄越小，相对值越大。这就需要保证在发育过程中身体代谢旺盛所需的氧供应。这个特点说明了青少年的心脏能适应短时期紧张的体育活动。

(三) 保证每周的锻炼次数

青少年的肌肉较易疲劳，但恢复较快，因此，每周气排球锻炼的次数可较

多,如每日一次或隔日一次均可。但青少年的恒心相对不够,因此,需要逐步养成习惯,坚持锻炼。

(四)掌握正确的呼吸方法

青少年呼吸器官发育还不成熟,呼吸道黏膜容易损伤,呼吸肌较弱,胸腔小,肺活量较小。在参与气排球运动时主要靠加速呼吸频率来增大肺通气量,因此,应指导青少年掌握正确的呼吸方法,呼吸时要强调深呼吸的幅度,而不是增加呼吸的频率,并注意与运动的频率配合,以促进呼吸器官的发育。

(五)注意运动与饮水的平衡

对于参加气排球运动的青少年,要合理地补充水分。与成年人相比,青少年具有相对较大的体表面积与体重比,在热环境下运动往往会吸收更多热量,而在进行气排球运动时,青少年每个汗腺丢失的汗液量仅是成年人的1/3,导致体内温度升高相对明显。青少年在夏季长时间进行气排球运动,需大量补充水分而他们又很喜欢补充甜的饮料,含糖量高的高渗溶液则容易导致细胞失水增多,达不到补充水分的效果。为保证最佳的补液,通常气排球运动期间,建议青少年补充等渗或低渗的运动饮料(含适量碳水化合物和电解质)。

对于青少年而言,气排球运动引起的脱水不仅会使体温升高,加重心血管负担,还可能导致肾脏损害。因此,在气排球运动期间,养成健康的补水习惯,对于改善青少年的运动能力和促进健康非常重要。

建议:气排球运动前40分钟到1小时前补充水分300~500毫升,可以选择白开水或运动型饮料;运动中每20分钟至少补充200毫升运动饮料。气排球运动后也要注意饮水,并保持少量多次的补水原则。总之,科学补水应遵循预防性补水、主动补水和少量多次的原则。

第二节 | 成年人气排球健身

一、气排球健身对成年人身心健康的影响

（1）气排球健身是消除致病因素和促进疾病康复的手段之一。气排球健身可以逐渐改善生活习惯，比如成人饮酒较多，通过气排球健身可以增强机体对酒精的代谢能力，减轻饮酒对身体的损害。气排球健身能控制体重，调节心理素质，激发积极的情绪，提高社会适应能力。

（2）参与气排球健身时需要补充大量的氧气和营养物质，同时排出二氧化碳等代谢产物，这也能加强人体循环系统的机能。

（3）成年人参与气排球健身不仅可以加强新陈代谢，而且还能改善血管的弹性，提高血流量，促进血液循环，增大肺活量，提高机体的摄氧能力。

（4）经常参加气排球健身，可以增强呼吸肌的力量和耐力，增加肺通气量，提高肺泡通气率，保持肺组织的弹性和胸廓的活动度，能够延缓肺泡活动不足引发的老化进程。

（5）气排球健身对增强消化系统的功能也有非常好的作用，它能够加强胃肠道蠕动，促进消化液的分泌，加强胃肠的消化和吸收功能。还可以通过增加呼吸的深度与频率，促使膈肌上下移动和腹肌较大幅度的活动，从而对胃肠道起到较好的按摩作用，改善胃肠道的血液循环，加强胃肠道黏膜的防御机制，尤其对于促进消化性溃疡的愈合有积极的作用。

（6）气排球健身能促进脂肪代谢，对脂肪肝和肝硬化有良好的防治效具，能改善胃肠黏膜的血液循环，提高肠道的抗病能力和自愈能力，促进胃炎、胃溃疡、结肠炎等胃肠壁疾病的痊愈。

（7）经常进行气排球健身，可以增强肌肉力量，保护关节，减少关节、脊柱疾病发生的概率。

二、成年人在进行气排球健身时应遵循的原则

按照人体发展的基本规律，成年人合理地进行体育锻炼，可以促进身体的生长发育，改善和提高各器官的功能，提高身体素质，增强体质，推迟衰老。成年人在进行气排球健身时，应遵循以下几项原则：

（一）长期性

应坚持长期的、不间断的、持之以恒的锻炼。众所周知，生命在于运动，运动贵在有恒。机体只有在经常的体育锻炼中方能得到增强。根据"用进废退"的法则，如果长期停止锻炼，各器官的机能就会慢慢减退，体质就会逐渐下降。因此，参加气排球健身必须持之以恒，不能三天打鱼、两天晒网。

（二）渐进性

气排球健身的要求、内容、方法和运动负荷等都要根据个人的实际情况，遵循由易到繁、由小到大的原则逐步提高。科学研究表明，人体各器官的机能不是短时间内可以提高的，它是一个逐步发展、逐步提高的过程，即气排球运动的锻炼效果是一个缓慢的由量变到质变的逐渐积累的复杂过程。如果违反循序渐进的原则，急于求成，不但不能有效地增强体质，而且还会损害健康。所以进行身体锻炼应有目的、有计划、有步骤地实施，其原则是提高—适应—再提高—再适应。

（三）个别性

每个参加气排球健身的人，应根据自己的实际情况，选定锻炼内容和方法，合理安排运动负荷。客观地讲，每个人的情况都不尽相同，因此，锻炼者应根据自身状况制订锻炼计划，从实际出发，使锻炼的内容、方法、负荷量适合自己的健康条件，以期达到良好的锻炼效果。

（四）自觉性

进行气排球健身，应该出自锻炼者内在的需要和自觉的行动。锻炼在于自觉，锻炼的目的与动机应该和树立正确的人生观联系起来，这样才有助于形成或保持对气排球健身的兴趣，最大限度地调动和发挥主动性和积极性，以期达到更

好的锻炼效果。

第三节 老年人气排球健身

日本学者真野归纳了老年人健身发展方向的几大特征：
(1) 普通人能从事的运动；
(2) 连续性强的运动；
(3) 规则简单的运动；
(4) 能根据自己力量调整运动量的运动；
(5) 对高龄人不失魅力的运动；
(6) 技术中包含提高体能的运动；
(7) 男女能一起共乐的运动。

无疑，气排球运动具备了以上 7 条的所有特点。

一、气排球健身对老年人身心健康的影响

（一）有助于改善老年人的体态和心肺功能

众多研究表明，有氧运动对改善老年人的心肺功能和体态有良好的作用。早在 1986 年，就有学者认为，长期坚持运动的老年男性，其安静状态下的心脏形态与非运动老年男性有显著的差异，即左室舒张末期内径和左室质量均明显大于非运动者。气排球健身能使中老年人的体重减轻、臀围缩小，同时也能改善肢体的协调性，使老年人的体态发生良好的改变，改善老年人的精神面貌。这是科学健身对老年人的体态和心肺功能所产生的积极影响。

（二）有助于提升老年人的肌肉力量

"人老腿先衰"，随着年龄的增长，老年人的肌肉力量开始下降，特别是下肢肌肉群力量明显减弱，给老年人的生活带来了许多不便。有报道称，65 岁老年人的肌肉力量仅相当于 20 岁青年人肌肉力量的 50%，由于肌肉力量的减退而导致肢体运动能力退化，行动迟缓，因而易发生摔倒、骨折。长期坚持气排球健

身的老年人，有效地保持了其器官的运动平衡性和肌肉组织的良好状态，能有效防止跌倒、骨折和某些运动障碍性疾病的发生。

（三）有助于改善老年人的骨骼健康状况

骨质疏松是严重威胁人类的一种全身性骨骼疾病。男性体内的骨质在30岁以后以每年0.5%，女性以每年1%的速度逐步失去骨质成分。女性在绝经后，由于雌激素的缺乏，骨质丢失的速度增至每年2%左右。适宜的气排球健身可延缓骨骼系统的衰老，防治老年性骨质疏松症。国外有报道认为，绝经5年以上并坚持体育锻炼3年以上的老年妇女与不参加任何锻炼的同龄妇女相比，其骨质厚度大，骨小梁排列整齐，而且与应力方向保持一致。同时，高龄老人（80岁以上）经过适宜、有规律的锻炼后其骨质的含量也明显增加。这是因为进行气排球健身时，肢体不断地运动，肌肉急剧地收缩，有力地牵拉所附着的骨骼，刺激了骨细胞的生成。一方面可以减少骨质的丢失，另一方面使骨质含量增加，改善了老年人的骨骼健康状况。

（四）有助于老年人调节血脂、改善免疫机能和提高抗氧化能力

气排球健身可以改变血脂及血浆脂蛋白的某种成分。适量强度的运动可以改善免疫机能，而大强度运动则相反，容易出现免疫抑制现象。

气排球健身在一定程度上能够升高老年人的肝蛋白（SOD）活性，降低过氧化脂质（LPO）及丙二醛（MDA）的含量，从而达到延缓衰老，增强机体功能的效果。

（五）有助于老年人营造团队合作的气氛，排解孤独感

据统计，70%以上的老年人喜欢以团体练习为主，气排球就是迎合了这一需要，既增强了老年人相互间默契的配合，又排解了老年人的孤独感。老年人在进行气排球健身时，彼此间不但能够互相配合练习，还能够欣赏高水平的气排球比赛，这对提高老年人的体育意识，提高体育文化修养起到积极的作用。

二、老年人如何选择适宜的锻炼负荷

气排球健身的强度及时间要依老年人个体的体能逐步地增加，运动至微微出

汗的程度是最合适的。这里有一个简易的方法可以测量强度是否合适：运动停止后迅速测量脉搏，若脉搏和年龄相加小于或等于170，则说明强度合适。

注意气排球健身的频率，通常应保持在每周3~4次，每次30~50分钟。运动前要有10~15分钟的热身运动，运动后也要有数分钟的整理运动。运动前后体温差异较大，应注意身体的保暖，要穿着舒适的服装参加锻炼。

老年人经常关注的问题是究竟何时段运动好。目前并没有确切的时间限制，主要根据自己的作息时间和个人喜好安排。早晨锻炼者，最好不要空腹进行运动；白天锻炼者，夏天应注意防晒，秋天应注意避免受到紫外线的伤害；傍晚锻炼者，要注意避开饭前半小时、饭后1小时以及睡觉前1小时进行运动。

在进行气排球健身时要注意合理补液和饮食营养。另外，运动后不宜立即坐下休息，不宜马上洗浴，不宜暴饮止渴，不宜大量吃糖，不宜饮酒除乏，不宜吸烟解疲。运动前或运动中若出现头晕、胸痛、心悸、脸色苍白、盗汗等情况，应立即停止运动。

三、老年人在进行气排球健身时需注意的问题

（一）健身因人而异，个别对待

老年人个体体能差异大，制订的锻炼方案也应各不相同，应考虑到性别和健康状况的差别，是否伴有慢性病以及疾病的性质和程度的差异。

传统的观念认为，高龄老人（80岁以上）和体质衰弱者参加运动往往弊多利少，但新的健身观点却提倡高龄老人和体质衰弱者同样应尽可能多地参与锻炼，因为对他们来说，久坐（或久卧）即意味着加速老化。

（二）锻炼方案应循序渐进

气排球健身方案可分为三个阶段：开始阶段、适应阶段和维持阶段。先进行运动量小、动作简单的活动，再进行运动量大、动作复杂的锻炼，最后是整理和恢复运动。通过气排球健身逐渐产生有利于机体的适应性反应，就避免了因急于追求锻炼效果而无计划地增加运动量所导致的心脑血管和骨关节病变。

(三) 选择合适的运动强度

心血管疾病是威胁老年人生命健康的"第一杀手",所以老年人应特别重视有助于心血管健康的运动,如气排球运动。为保证心血管确实得到有效锻炼,建议老年人最好每周锻炼3~4次、每次30~60分钟,强度从温和至稍微剧烈,心率增加60%~95%即可。年龄较大或体能较差的老年人可缩短每次锻炼的时间,避免过度运动造成不必要的伤害。

(四) 做好充分的准备活动和整理运动

通过准备活动使心率逐渐增加,避免气排球健身时因心率骤然加快而增加心脏负担。气排球健身结束时,通过整理运动,使运动强度逐渐降低,防止骤然停止运动而引起晕厥。

(五) 及时调整锻炼方案

老年人生理功能相对脆弱,运动所造成的生理机能改变在老年人身上显得格外敏感,特别对于正在服用心血管疾病药物的老年患者,应根据病人用药后对运动试验的反应来做调整。

气排球健身产生的有益效果不是永久性的,停止运动2周后,原有的效果便开始减退。因此,老年人锻炼要持之以恒,永保初心,长期坚持,才能起到改善体质、延年益寿的效果。

四、老年人气排球健身后的营养补充

(一) 饮食多样化

注意多种食品的合理搭配,食物应易消化,不宜过于精细,注意粗细搭配。

(二) 合理烹饪

老年人的食物可适当延长烹饪时间,有利于消化吸收。但避免长时间烹饪,造成维生素的损失。减少食盐用量,少用油炸、油煎、烟熏和火烤的烹饪方法。

(三) 合理补充营养素

老年人的食物摄入常常不能满足某些维生素和矿物元素的合理摄入量。可适当采取膳食外补充的方法,但应得到医生或营养师的正确指导,科学补充,防止

毒副作用。

（四）合理膳食

老年人的饮食要定时定量，少食多餐，避免暴饮暴食。

（五）养成良好的生活习惯

老年人应合理安排时间，积极参加各种形式的适宜运动，缩短坐与躺的时间。老年人应调整进食量，保持能量平衡，维持理想体重，预防肥胖、心脑血管疾病、糖尿病和癌症等疾病，少饮酒，最好戒烟。

第四节 慢性疾病患者的气排球健身

一、高血压患者

（一）对健康的促进作用

气排球健身有助于高血压的治疗，可以使血压稳定或下降。通过适宜的气排球健身，可以使患者安静时血压下降，运动时血压和心率增加的幅度减小；气排球健身也可增加药物降压的疗效，使药剂量减小。但运动疗法主要适用于轻度高血压，即临界性高血压和第Ⅰ、Ⅱ期高血压病人。

下列高血压病人不宜进行气排球健身：

（1）血压未得到有效控制或不稳定者；

（2）继发性高血压的原发病未得到控制者；

（3）出现比较严重的并发症，如严重心律失常、心跳过速、不稳定性心绞痛及脑血管痉挛等。

（二）采用的主要锻炼形式与内容

高血压病人应选择有氧代谢运动，特别是那些有节奏的、容易放松的项目。避免在运动中做推、拉、举之类的静力性力量练习或憋气练习。气排球健身中有垫球、传球、轻跳扣球、中低强度比赛等，适合高血压患者。

高血压患者的气排球健身，应以中低强度、持续时间较长为主要特点。中等强度以下的耐力性运动，一般可以使收缩压下降 10~20 毫米汞柱，舒张压下降 16 毫米汞柱左右。运动强度增加时，将不会出现上述变化，强度过大或过度疲劳时还会使血压升高。

运动强度一般以心率不超过最大心率（220 减去实际年龄）的 70% 为宜。年龄在 50 岁以上者，可用 170 减去年龄作为运动时的心率。有条件者，最好做运动耐量试验，根据患者个体情况确定适宜的气排球运动强度和时间。

高血压患者的气排球锻炼，每周至少 2 次，每次 30~60 分钟。打球后以不出现头晕、头痛、心慌、气短和疲劳感等症状为宜。练习时可采取打打停停和原地跳跃交替的方式，速度不宜太快，持续时间和距离根据身体状况而定。

（三）应注意的事项

（1）以中小强度的运动为宜，在运动过程中应逐步增加运动量和运动强度。对高血压病人而言，气排球健身运动的时间比强度更重要。

（2）应养成用力时呼气的习惯，以有效地降低胸腔内压，减少运动过程中心肌的耗氧量，减少血压升高的可能性。

（3）运动时要有意识地使全身肌肉放松，勿紧张用力，避免憋气动作，在血压没有得到控制时，注意不要做过多弯腰、低头的动作，头的位置不要低于心脏。

（4）对高血压病人而言，运动过程中和运动刚结束时更容易引起心血管意外，如心绞痛、心肌梗死、中风。因此，在进行气排球健身时，也应注意应对机体的反应，在健身结束后也要持续保持警惕。

（5）高血压患者进行气排球健身准备活动极为重要，因为突然的大强度运动，可导致血压爆发式增高，致使冠状动脉血流量减少而发生意外。

二、冠心病患者

（一）对健康的促进作用

冠心病是老年人最常见的心脏病，主要特点是心肌缺血产生心绞痛和心肌梗死。

大量的研究证明，运动对预防冠心病极为重要。气排球健身可减少发生心血管病的危险因素，如高血压、高血脂、糖尿病和肥胖症等。通过气排球健身，可增加心脏血管的口径，增加冠脉血流量，改善心肌的血流分布，从而维持或增加心肌的氧气供应，提高心脏的工作能力。与不锻炼的人相比，经常参加气排球健身的人很少发病，即使发病，其程度亦较轻，而且发病的年龄也较晚。

（二）采用的主要锻炼形式与内容

冠心病病人，在开始进行气排球健身前，应进行必要的身体检查，了解健康状况，尤其要了解在运动负荷实验条件下心血管系统的功能，以便确定运动的强度和时间，保证气排球健身安全有效。

在病情稳定的情况下，冠心病患者可从事气排球锻炼，但应以缓慢、柔和的动作为主，主要包括慢移动步法练习、垫球、挡球、单双手传球、原地发球、轻跳扣球、轻跳拦网、中低强度比赛等。

在进行气排球健身时，应先从准备活动开始，准备活动5~10分钟，强度从温和至稍剧烈，心率增加40%~85%即可。运动量以不出现心绞痛为宜。运动后如感到身体轻快，食欲、睡眠较好，表明运动量适宜；运动后如果感到头晕、胸闷、心悸、气短、食欲减退、睡眠不佳、明显疲乏，说明运动量过大。

（三）应注意的事项

（1）气排球健身以中小强度的运动为宜。在运动过程中应逐渐增加运动量和运动强度。

（2）如需参与剧烈的气排球比赛等，凡45岁以上或有冠心病易患因素者，均应先做动态心电图。

（3）在气排球健身前应有5~10分钟的准备活动，可做一些有规律、重复的轻度活动，以使脉率逐渐增加至运动时的脉率。

（4）气排球健身后也应有5~10分钟的恢复活动，以使四肢血液逐渐返回至中央循环。

（5）在气排球健身期间，要加强医务监督，定期做体格检查，并在医生指导下进行恢复和治疗。

三、肥胖者

（一）标准体重的界定

何为肥胖？简单地说，当人体摄入的热量超过了机体所消耗的热量，过多的热量就会在体内转变为脂肪大量蓄积起来，使机体脂肪组织异常地增加。因此，肥胖是指体重超过正常值，有损健康的一种状态。近年来，世界卫生组织已明确指出，肥胖症已是一种临床疾病，既然如此，减肥就应该是医疗行为，需要专业医师的正确诊断和合理治疗。肥胖分为全身性肥胖和局部性肥胖两大类。流行病学调查发现，局部性肥胖在肥胖中所占比例比全身性肥胖要高。

要了解每个个体身体肥胖程度及其症状的轻重，即需要了解标准体重和理想体重。

标准体重是指对于某一身高、性别的群体而言属于正常和理想的体重。标准体重带有美学和人类学特质。计算标准体重有多种公式，按照布诺卡（Broca）公式，我国学者认为，中国成人的标准体重可使用如下公式：

标准体重（千克）= 身高（厘米）- 100（适用于165厘米以下者）

标准体重（千克）= 身高（厘米）- 105（适用于166~175厘米者）

标准体重（千克）= 身高（厘米）- 110（适用于176厘米以上者）

女性体重比男性相应组别少2.5kg。

理想体重是指在体质调查材料中统计得出的死亡率最低的体重数值。脂肪占机体重量的10%~15%。理想体重带有医学性质。我国学者曾提出过理想体重的计算方法。计算公式如下：

中国北方人：理想体重（千克）=［身高（厘米）- 150］×0.6 + 50

中国南方人：理想体重（千克）=［身高（厘米）- 150］×0.6 + 48

标准体重与理想体重二者有时通用，也有人认为有区别。

（二）气排球健身减肥的生理学机理

1. 气排球健身可调节代谢功能，促进脂肪分解

气排球健身对减肥的作用在于加大能量物质的消耗，特别是能够有效地加大

脂肪的消耗。参与气排球健身时其能源的选择与肌肉收缩持续的时间、强度、营养状况有关。在肌肉收缩初期（5~10分钟内），肌肉运动时所利用的主要能源是肌组织中的肝糖，其次则利用血液中的葡萄糖（占30%~40%）。气排球健身持续时间逐渐延长，脂肪被动员起来作为运动能量的比例开始逐渐增大，当运动持续时间足够长时，利用的总能量明显上升，其中游离脂肪酸占50%~70%。

气排球健身时，肌肉对血液内游离脂肪酸和葡萄糖的摄取和利用增多，一方面，它使脂肪细胞释放出大量的游离脂肪酸，使脂肪细胞缩小变瘦；另一方面，使多余的血糖被消耗而不能转变为脂肪，结果使体内脂肪减少，体重下降。

2. 气排球健身可降低血脂

气排球健身可改善脂质代谢。参与气排球健身时肾上腺素、去甲肾上腺素分泌增加，可提高脂蛋白酯酶的活性，加速富含甘油三酯的乳糜和低密度脂蛋白的分解，因此，气排球健身可以降低血脂，从而使高密度脂蛋白胆固醇升高。

3. 气排球健身可改善心肺功能，提高体力耐受性

气排球健身加强了心肌的收缩力量，增强了血管的弹性，提高血液循环的外部动力，从而提升对体力劳动的耐受性。这种心肺功能的物理性变化，其意义比减肥本身更为重要。

（三）适宜肥胖者气排球健身的主要形式与内容

有氧运动的减肥效果非常明显，形式也多种多样，包含气排球的快速步法移动、各种垫球、挡球、单双手传球、原地发球、扣球、拦网、中大强度比赛等，都应该是减肥运动的主要选择。肥胖者的气排球健身治疗主要是以中等强度、较长时间的有氧运动为主，可根据肥胖者的体质和个人爱好来选择气排球练习项目。目前普遍认为，中大强度的气排球个人防守练习、扣球、拦网等活动是合适的选择。中大强度的气排球比赛作为一种锻炼方式，既能锻炼肌肉、增强体质，又能持续运动、消耗能量，起到良好的减肥效果。每次运动以40~60分钟为宜，中间可有休息时间，运动时应避免激烈紧张的争夺。

（四）应注意的事项

1. 参与气排球健身应注意护腰

运动不当，肥胖者容易造成椎间盘突出。肥胖者进行剧烈的气排球健身时，由于体重的原因，会在短时间内给"倦怠"的腰椎增加过大的压力，导致腰椎无法承受。

2. 参与气排球健身应注意保护好膝关节

由于自身体重大，肥胖者在参与气排球健身时，其膝关节的承重过大，易受到损伤，出现踝关节肿痛、膝关节炎症性疼痛等症状。所以肥胖者应注意加强大腿的力量，以有效地减轻膝关节的损伤。

3. 避免长时间的气排球健身

长时间的气排球健身对肥胖人士来说，全身压力都很大。尤其是长时间同一个部位负重运动会造成该部位的损伤。运动减肥要避免同一部位负重过大或过久。

4. 制订明确而系统的健身计划

美国运动生理学家莫尔豪斯认为，减肥必须采用理智和稳健的方法，并提醒减肥锻炼者1周内减体重不应超过0.45千克，否则不可能真正长久地减肥。因此，有必要在医生的指导下制订出明确而系统的减肥计划，坚持不懈地进行气排球健身。在实施气排球健身减肥计划时，也应根据各种食物的热量值，制订出明确的节食计划并严格实行。如果体重略有超重现象，但没有明确的减肥目标，可以根据专家的建议，除了保持正常的生活和饮食制度外，每天可通过运动额外消耗150～200千卡的热量，即可保持正常的体重。

5. 科学合理地安排营养膳食

（1）根据肥胖者每天的热能消耗，计算出每天的热能摄取量（每天热能摄取量小于每天的消耗量），一般每天热能摄取量为1 000～2 000千卡，可根据每个个体的具体情况适当调整。

（2）蛋白质、脂肪和碳水化合物在膳食总热量的百分比分别为15%、30%、55%。蛋白质以选用禽肉、鱼肉及大豆为佳，限制猪肉、鸡蛋的摄入，忌吃蜜糖、饴糖等含糖量高的饮料及糕点。

（3）养成良好的饮食习惯，做到少吃多餐，晚餐少吃，一日可进餐4~6次，可使胃的容积逐渐减小，减少饥饿感；少吃或不吃零食，少喝含糖量高的饮料；戒除劝食、诱食、勉强进食、饮酒等不良习惯。

（4）减少膳食中的主食和脂肪摄入量，免食黄油、花生米、巧克力，少吃或不吃油炸食品。

（5）增加水果和蔬菜的摄取量，确保充足的维生素供应。水果包括橙子、香蕉、苹果、西瓜等，蔬菜包括洋葱、大蒜、木耳、大豆、黄花菜、香菇、青椒、胡萝卜等。

（6）保证足量的奶制品、豆制品的摄入，确保充足的无机盐和微量元素的供应，以满足饱腹感。

（7）应增加食物纤维的摄取量，因为食物纤维具有饱腹感而不提供热量，同时还能减少热量的吸收。食物纤维含量高的食物有全麦制品、粗粮、蔬菜和水果等，因此在主食中应增加粗粮或粗加工粮食的比例。

（8）少吃刺激食欲的食物，如辣椒、味精等。饮食宜清淡，减少盐的摄入量，保证充足的水的摄入。

6. 防止运动减肥中的反弹现象

当达到了理想的体重和体型后，如果停止运动锻炼，体重也会逐渐有所增加，体型也会恢复原样，这就是减肥中常见的"反弹现象"，这也是导致许多运动减肥锻炼者半途而废的原因之一。导致反弹现象的原因十分简单：减肥锻炼在大量消耗脂肪的同时，也提高了整个机体的新陈代谢水平，经过减肥锻炼，人的健康水平和食物消化、吸收能力也大为提高，如果一旦停止运动，机体的这些良性影响就导致了对食物营养的更多需求，如果此时不注意合理膳食和适当节食，则机体所吸收的食物热量也必然增长，这些热量储存在体内变成脂肪的可能性也增加。许多运动爱好者和专业运动员一旦停止运动，身体也愈发显得肥胖而臃肿，就是这个道理。这就要求减肥锻炼者要坚持气排球健身，不能时断时续。为保证效果，如有可能，需在住所安放体重计，定时对减肥效果和体重情况进行监控。久而久之，不但能收到良好的减肥效果，体质也大为增强。

第六章　气排球锻炼与身体素质练习

气排球运动技能的提高和发展，要求锻炼者具有良好的身体素质。可以说，身体素质是提高运动技能的基础，随着运动技能的提高，身体素质也会得到发展。所以气排球运动技能与身体素质的关系是相辅相成、相互促进、相互影响的，表 6-1 指出了两者之间的关系。

表 6-1　气排球运动技能与身体素质的关系

气排球运动技能	技术因素	身体素质
准备姿势	准备姿势	1. 小腿、大腿、臀部、背部肌肉用力 2. 放松能力
移动	反应动作	速度和灵敏性
移动	移动步法	1. 小腿、大腿、臀部、肌肉的爆发力和耐力 2. 踝关节的柔韧性
传球、垫球	击球用力	1. 大臂、背部、胸部、腹部、大腿、小腿肌肉及手指的爆发力 2. 腕、肩、髋、踝关节的柔韧性
传球、垫球	连续动作 （动作的衔接）	1. 移动速度和反应速度 2. 协调性
扣球、拦网	助跑	1. 移动速度 2. 步法灵敏性 3. 身体协调性
扣球、拦网	起跳	1. 大腿、小腿、臀部、腹部、背部肌肉的爆发力 2. 手臂的柔韧性

续表

气排球技能	技术因素	身体素质
扣球、拦网	空中击球	1. 手臂、大臂、背部、腹部、胸部肌肉及手腕的爆发力 2. 身体的协调性 3. 肩关节、手腕的柔韧性
	落地及连续动作	落地后的连续动作的反应——速度、灵敏性 落地后的脚步移动——灵敏性
发球	抛球	对球的控制能力——协调能力
	击球	1. 手臂、大臂、背部、腹部、胸部肌肉及手腕的爆发力 2. 身体的协调性 3. 肩关节、手腕的柔韧性
	击球后连续动作	移动的灵敏性
比赛		除上述各项素质外，体现连续动作的能力和耐力

人的身体素质可以分为多种，它们都与气排球运动技能有着紧密的关系，但是从气排球运动技能要求的身体素质来看，力量、速度、柔韧性、耐力、灵敏性、协调性、弹跳力等素质与气排球运动技能的关系更加密切，本章主要介绍它们与气排球运动技能的关系（图6-1）。

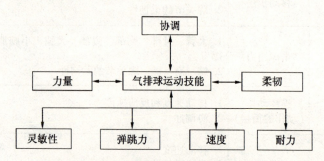

图6-1 气排球运动技能与身体素质的联系

第一节 | 气排球锻炼与弹跳力练习

弹跳力是指人体蹬地所完成的与地面之间产生一定距离的能力。它是速度、力量与协调能力的综合体现,弹跳力体现在气排球的扣球和拦网技术中,是决定气排球运动员运动成绩的重要因素。

一、弹跳力的练习方法

1. 徒手练习

(1) 跳台阶练习（图6-2）。

(2) 两腿深蹲连续向前做蛙跳练习（图6-3）。

(3) 连续垂直跳起在空中做快速收腹练习（图6-4）。

(4) 半蹲、全蹲纵跳起,原地连续做直膝向上跳练习（图6-5）。

图6-2 跳台阶　　　　图6-3 蛙跳　　　　图6-4 收腹跳　　　　图6-5 直膝向上跳

(5) 高台跳下后立即做冲刺跑练习。

(6) 从40～100厘米的高台上跳下,再迅速跳上另一个高台;或先双脚跳上高台,跳下后又立即跳上另一个高台。

2. 结合气排球技术的起跳练习

(1) 摆臂起跳的模仿练习。

(2) 助跑与起跳的结合练习。

(3) 跳起空中拦扣球的练习。

3. 结合其他器材进行的练习

(1) 双脚连续起跳越过3～5个栏架（图6-6）。

(2)原地或助跑起跳摸篮筐或一定高度的物体（图6-7）。

(3)两腿分立于凳上，手提壶铃做蹲跳练习（图6-8）。

(4)地面上放一块约5厘米厚的木板，球员前脚掌站在木板上，脚跟站在地面上，肩负杠铃，抬头、挺胸、收腹，做提重练习（图6-9）。如选用大重量时，要在杠铃架上练习。

弹跳力练习

图6-6 双脚跳

图6-7 摸篮筐

图6-8 蹲跳

图6-9 提重

(5)肩负杠铃，下蹲时身体要保持挺直，膝关节的角度不要小于120°，杠铃重量一般应控制在最大负荷的75%左右，整个动作由下蹲至直立，要慢慢地完成动作（图6-10）。

图6-10 肩负杠铃半蹲起

软梯高跳

二、发展弹跳力的气排球游戏

1. 圆圈跳竿

游戏目的：发展弹跳力，培养锻炼者对时间、空间的判断力。

游戏准备：竹竿若干根。

游戏方法：先分成人数相等的若干组，每组站成一个圆圈，选一人手持竹竿站在圆心，竹竿的另一端着地。游戏开始时，持竿人用竹竿向逆时针方向横扫，先慢后快。竹竿从每个人脚下通过时，大家都腾空跳起来。若被竹竿碰到，立即罚出圈外，在规定的时间内，哪一组被罚出去的人少为胜，如图6-11所示。

图6-11 "圆圈跳竿"游戏

游戏规则:

(1) 持竿人应使竹竿保持在起跳者膝下高度。挥动竹竿的速度不宜太慢,也不宜太快,更不可突起突停。

(2) 规定时间一般以1~2分钟为宜。

游戏建议:持竿人挥动竹竿的速度适中,高度适宜,节奏一致。

2. 跳跃的龙

游戏目的:培养集体主义精神,提高弹跳力。

游戏准备:在一块场地上画一条起跳线,在另一端画一条终点线。分成人数相等的两队,列纵队站在起跳线后。预备时,每个队员都把自己的左(右)脚伸给前面的人,而前面的人用左(右)手挽住后面队员伸来的脚,站在后面的人将右(左)手搭在前面队员的肩上,排头人屈起一只脚,似一条龙队形。

游戏方法:游戏开始,发令后,各队按照统一节拍(或齐声喊"一二""一二")向前跳进,待"龙尾"人过了终点线后,全体在"龙尾"人的统一口令下,放下脚成立正姿势向后转,则"龙尾"变成"龙头",再换另一只脚跳回,最后以先到达目的地而不脱节的队为胜,如图6-12所示。

游戏规则:

(1) 如龙队伍脱节,必须在原地接好后,才能继续进行。

(2) 游戏中间不得换腿,游戏中注意安全。

游戏建议:按统一节拍或口令前进。

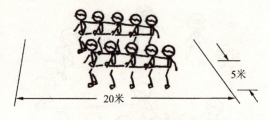

图 6-12 "跳跃的龙"游戏

3. 双人蹲跳

游戏目的：发展下肢力量，提高身体的协调性。

游戏准备：在地面上画两条 8~10 米的平行线，一条为起点线，一条为终点线；在终点线上放 4 个标志物。

游戏方法：把游戏者分成人数相等的 4 个队，列纵队站在起跑线后，每两人为一组，各队第一组游戏者背对背挽臂蹲在起跑线后。教师发令后，第一组游戏者迅速向终点蹲着蹦跳，跳过终点线后绕标志物返回。第一小组回到起跑线后，第二组方可起动，按同样方法依次进行，以先做完的队为胜，如图 6-13 所示。

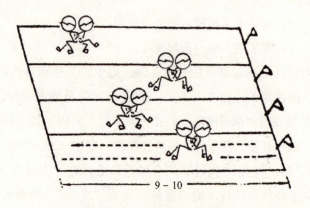

图 6-13 "双人蹲跳"游戏

游戏规则：

（1）每组在蹲跳过程中，挽臂不能分开，如分开，须在原地挽好后再跳。

（2）第一组游戏者跳过起跑线后，第二组才能起动，否则判本队失败。

游戏建议：游戏前要充分做好踝关节的准备活动，可根据情况适当调整距离。

4. 两人双足跳

游戏目的：发展弹跳力，提高身体的协调性。

游戏准备：一块平坦的场地，间隔10米的两条平行线作为起点线、终点线。

游戏方法：分成两人一组，各组面对面站立在起点线后，互用右手握对方的左脚，左手搭肩，组成一对双足人。发令后，双足人侧跳至终点，再迅速换左手握对方右脚，组成双足人，跳回起点线，先完成的一组为胜，如图6-14所示。

图6-14　两人双足跳

游戏规则：

（1）双足人中途脱手，应立即重新组合好后再前行。

（2）换腿是必须在两人均过终点线后再进行。

游戏建议：注意安全，尤其膝关节应充分活动开；应根据学生的情况确定距离。

三、发展弹跳力的注意事项

1. 弹跳力的训练需要长期规划

要安排好每个阶段的训练重点，一般情况下，冬训期间的弹跳力训练量可以大些，多采用力量练习的方法。比赛期间可以减少弹跳力训练的时间与次数，但结合气排球技术的弹跳力训练应加大。

2. 发展弹跳力应以发展肌肉力量为主

弹跳力主要通过爆发力表现出来，采用大负荷高强度训练是提高爆发力的有效方法，但需因人、因时而异。初学者的弹跳力训练宜采用数量上的刺激，对有一定训练水平的队员宜采用强度刺激。在队员精力不集中或疲劳时，不能勉强进行训练。要充分做好准备活动，防止训练时受伤。

3. 加强主要肌群的速度性力量训练

要提高踝关节、脚掌等小肌肉群及韧带的爆发力，需加强主要肌群的速度性力量训练，真正为跳得高、跑得快、滞空时间长服务。发展弹跳力的方法较多，其中超等长训练是提高弹跳力的一种方法，如多级蛙跳、跳越栏架、跳台阶等。

4. 弹跳力训练中的练习方法

弹跳力训练应与气排球动作结构和用力性质相一致。因气排球运动中各种击球活动的时机、方式变化较大，要适应这些变化，还须加强专项弹跳技术的训练。

第二节 气排球锻炼与速度练习

速度素质是人对各种刺激发生反应，并以最短时间完成某一动作的能力，速度受机体供能系统和神经肌肉机能的影响。青少年的速度发展与年龄和性别有关，速度随年龄的增长而自然增长。速度素质比其他素质发展得早，男孩在19岁以前，速度随年龄的增长有较大提高。

一、速度在气排球技术中的体现

（1）反应速度：即队员从看到球到开始进行接球动作的神经传递时间。在气排球比赛中主要表现在对各种快速来球的反应。

（2）移动速度：指在单位时间内身体位移的距离，主要运用在移动击球时。

（3）起跳速度：主要体现在起跳扣球、拦网的技术中。

（4）挥臂速度：主要体现在扣球与发球技术中。

二、速度的练习方法

（1）起跑（图6-15）：看手势或其他信号向各个方向起跑，预备姿势可以是站立姿势，也可以是坐姿、跪姿或卧姿。

（2）追逐跑：队员分两队面对站立，相距1米左右，看教练手势或其他信号做追逐跑练习。

（3）冲刺钻球：教练员抛垂直球，队员定点起动，力争在球落地前从球下钻过；或教练员将球突然放手，让球下落并反弹起来，队员在第二次球落地前从球下钻过。

（4）冲刺接球：教练员单手将球高举，队员在3米处准备，当教练员突然抽手让球掉下时，队员冲刺跑，在球落地之前将球接住。

（5）接各种近距离的扣球（图6-16）。

图6-15　起跑

图6-16　接扣球

（6）垫反弹球（图6-17）：队员面对墙2～3米站立做好准备，教练员从队员身后突然将球扔到墙上，要求队员将反弹回的球垫起。教练员扔球的角度要根据运动员的反应能力而决定，并掌握好练习的难度。

（7）追赶同伴：全队沿圆圈跑动报数，做好追人的准备，教练员随机喊1或2，被喊到的队员立即加速追赶前面邻近的队员，要求在一圈之内追到。

（8）隔幕布接各种抛球（图6-18）。

图6-17　垫反弹球

图6-18　隔幕布接球

(9) 滑步移动练习，要求步幅小、频率快（图6-19）。

(10) 交叉步移动练习（图6-20）。

图6-19　滑步

图6-20　交叉步

(11) 躲避球击（图6-21）：全队队员分成两队，一队站半场内，另一队站场外，场外队员用一球（或多球）掷向场内队员，场内队员进行躲避，被击中者出场，直至场内队员全被击中。

速度训练

(12) 守门练习（图6-22）：近距离快速抛出上、下、左、右各种球，要求练习者将球挡出。

图6-21　躲避球击

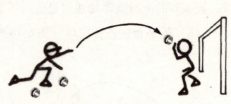

图6-22　守门练习

三、提高速度的气排球游戏

（一）钻跨栏架

游戏目的：发展锻炼者的速度素质和协调性。

游戏准备：跑道一段，栏架8个，栏间距8.5米，标志杆两根。

第六章　气排球锻炼与身体素质练习

游戏方法：分成人数相等的两队，各队成纵队站在距第一栏 12 米线后。教练员发令后，排头人迅速起跑跨过第一栏架，钻过第二栏架，再跨过第三栏架，钻过第四栏架，经标志杆外侧绕过，从栏外侧跑回，拍到第二个人的手，然后站到排尾，第二人、第三人依次进行，每人一次，先跑完的队为胜，如图 6-23 所示。

图 6-23　"钻跨栏架"游戏

游戏规则：
(1) 不得抢跑和越线。
(2) 不许推倒栏架。
(3) 栏架移动或倒下应放好再跑。

游戏建议：视对象和情况确定栏间距和栏高；可与跨栏教学结合进行。

（二）胸顶报纸接力

游戏目的：提高奔跑能力。

游戏准备：跑道长 30 米，标志杆两根，4K 报纸两张。

游戏方法：分成人数相等的两队，成纵队站在起跑线后，排头学生手拿一张报纸。游戏开始后，各队排头学生将报纸放在胸前，放开手迅速向前跑，借迎面气流的力量压住报纸不掉，绕过标志杆跑回本队，将报纸交给第二人再做，直至全队做完为止，先完成的队为胜，如图 6-24 所示。

图 6-24 "胸顶报纸接力"游戏

游戏规则:

(1) 奔跑中不准手扶报纸或者手臂夹住报纸。

(2) 将报纸在胸前放好再起跑,不能边跑边放报纸。

游戏建议:

(1) 报纸易坏,可以多准备几张,或者用薄塑料袋代替。

(2) 根据完成的情况,可加大胸顶物品的难度。

(三) 四角接力

游戏目的:提高快速跑的能力。

游戏准备:正方形场地一个,边长20米,每角有1米的小正方形作为堡垒,接力棒4根。

游戏方法:分成人数相等的4组,分别站在4个垒位的后面,各组的排头拿一根接力棒出列踏垒,做好起跑准备。游戏开始后,各组都按逆时针方向跑完4个垒,回到原垒位把接力棒交给第二个队员接着跑,直到跑完为止,先完成的组为胜,如图6-25所示。

游戏规则:

(1) 跑垒时,脚要踏上所有的垒位。

(2) 没轮到进入跑垒接力的队员都要站在垒外,不得阻挡其他组的奔跑。

(3) 接到棒后脚才能离垒位跑出。

游戏建议:

(1) 在场地上可以变换图形,接力棒也可以换成其他器材。

(2) 垒位的大小,因人而定。

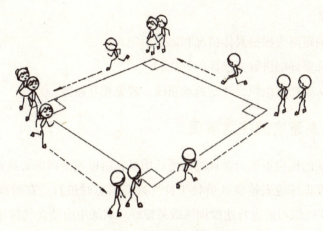

图 6-25 "四角接力"游戏

（四）迎面接力

游戏目的：发展速度素质。

游戏准备：两条 25 米跑道，接力棒两根。

游戏方法：分成人数相等的两队，各队再分成甲乙两组，相距 25 米，面对面成纵队站立，甲组排头队员持棒站在起跑线后。教练员发令后，甲组排头队员迅速向前跑，将棒交给本队乙组排头队员，然后站到排尾，乙组排头队员再跑至甲组将棒交给第二人，以后每人都依此法进行，直至都跑完一次，先跑完的队为胜，如图 6-26 所示。

图 6-26 "迎面接力"游戏

游戏规则：

（1）起跑及接棒时不准越线和抢跑。

（2）掉棒应由掉棒者拾起。

（3）不准抛接。

游戏建议：

(1) 跑的距离应根据具体情况和需要而定。

(2) 教练要详细讲解交接棒的方法。

(3) 各队要严密组织，规定跑动路线，避免相互碰撞。

四、提高速度的注意事项

(1) 速度的提高不如力量训练的增长明显，所以速度训练要具有持续性。

(2) 速度训练应安排在队员处于良性兴奋状态时进行。在每次训练课的前半部，在适应性练习后进行速度训练效果较好。训练中应结合气排球运动的特点多采用视觉信号做出相应的反应动作。

(3) 反应速度的训练要结合气排球场地和球来进行，比单纯练习效果好。

第三节 | 气排球锻炼与力量练习

力量是人体肌肉在紧张或收缩时所表现出来的克服外界阻力的能力。决定肌肉力量大小的生理因素主要是肌肉生理横断面的大小和神经对肌肉活动的调节作用等，如在气排球扣球、大力发球等技术中，力量水平起着决定性的作用。因此，在气排球运动技能的发展与提高过程中，力量的提高十分重要。

一、力量在气排球技术中的体现

(1) 肌肉爆发力：又称速度力量，是人体肌肉瞬间收缩产生的力量。气排球运动中着重体现在快速起跳、展胸收腹、挥臂击球以及下肢的快速蹬地起动等动作中。

(2) 肌肉耐力：是指肌肉收缩的持续能力，或肌肉反复收缩的能力，它与最大肌力没有直接关系，体现在一场比赛中有80次以上的全力起跳扣球和拦网。

二、力量的练习方法

1. 手腕力量练习

手持哑铃做腕绕环练习（图6-27）。

2. 手臂力量练习

（1）单人各种抛球练习：用一只手的前臂和手腕动作将实心球抛起，用另一只手接住，两手交替进行；双手背后将球抛起过头并接住；双手上抛球，转体360°接住；仰卧，双手胸前向上传球，迅速起立接球；双手持球，弯腰从胯下向后上方抛球，转身接球。

图6-27 绕环

（2）以立姿、跪姿或坐姿用双手或单手持球上举，直臂或屈臂做向前、向后抛掷实心球练习（图6-28）。

（3）徒手连续快速挥臂练习（图6-29）。

（4）用橡皮筋带辅助以扣球手法练习挥臂扣球的爆发力（图6-30）。

（5）以扣球手法对墙投掷垒球、网球等（图6-31）。

图6-28 抛球

图6-29 挥臂

图6-30 辅助扣球

图6-31 投掷

（6）徒手用扣球手法挥臂抽击高点的树叶（图6-32）。

（7）杠铃卧推练习（图6-33）。

（8）杠铃连续向斜上方快速推举练习（图6-34）。

图 6-32　抽击　　　　图 6-33　卧推　　　　图 6-34　推举

3. 腰腹肌、背肌力量练习

（1）单人徒手练习。

① 仰卧起坐、俯卧体后屈、侧卧抱头侧上屈、仰卧举腿、助力举腿等，如图 6-35 所示。

② 背肌练习如图 6-36 所示。

图 6-35　单人徒手练习

③ 斜板仰卧起坐练习如图 6-37 所示。

④ 在攀登架上做举腿绕环练习（图 6-38）。

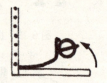 

图 6-36　背肌练习　　图 6-37　斜板仰卧起坐　　图 6-38　举腿绕环

（2）双人徒手练习。

① 俯卧，两手置于背后，做体后屈，另一人固定其脚部。

② 一人仰卧，另一人双手握住其踝部，做快速收腹起。

③ 一人凳上仰卧，举起两脚放在另一人腰旁，另一人握住其踝部，仰卧者伸直两膝用力坐起拍自己的脚背面，然后双手在头后触地。

④ 一人左右侧卧起，另一人固定其脚。

⑤ 一人在凳上做仰卧绕"8"字回环，另一人固定其脚。

（3）实心球练习。

① 双手持球或双脚夹球，在垫上做仰卧收腹或俯卧折体起。

② 站立或分腿坐地，双手持球做体转和上体大绕环练习。

③ 两手持球，臂上举，做以腰为轴上体后屈的腹背运动。

(4) 杠铃和壶铃练习。

① 肩负杠铃做左、右转体练习（图 6-39）。

② 双手持杠铃片做体绕环练习（图 6-40）。

图 6-39　负重转体　　　图 6-40　负重体绕环　　　力量练习

三、发展力量的气排球游戏

（一）多级跨跳对抗赛

游戏目的：发展腿部力量。

游戏准备：平坦场地一个。

游戏方法：将队员分成人数相等的甲乙两队，分别站在起跳线后。甲队排头队员自起跳线后定位向前做 5 级跨步跳，教练员做好落点标志，乙队排头队员从此落点后，定位开始向回做 5 级跨步跳，以后按此方法依次进行下去，最后以乙队的最后一名队员跳过起跳线为乙队胜，如未跳过则甲队胜，如图 6-41 所示。

图 6-41　多级跨跳对抗赛

游戏规则：

（1）教练员担任裁判员，掌握游戏全过程。

（2）每个队都必须定位开始跨跳，以脚后跟的落地痕迹为对方队员的起跳点。

游戏建议：

（1）跨步跳时两臂要有力摆动，两腿用全脚掌采用刨爬式落地。

（2）此游戏作为弹跳练习的手段，可安排在训练课和教学课中。

（二）双人蹲跳

游戏目的：提高协调性，发展下肢力量，培养协作能力。

游戏准备：两条相距8米的平行线，分别为起跳线与折回线。

游戏方法：将队员分成人数相等的两队，成两路纵队站在起跳线后。每队由第一、二人开始，两人背对背下蹲，两肘相拐，准备做蹲跳。游戏开始，教练员发令后，两人同时协调用力向折回线跳进，跳过折回线后，再迅速跳回，以先跳回组为胜。游戏按照上述方法依次进行，最后以胜多的队为胜，如图6-42所示。

图6-42 "双人蹲跳"游戏

游戏规则：

（1）蹲跳时两人不得站起。

（2）必须两人都跳过折回线后才能折回。

（3）以后面的人返回跳过起点线来判定名次。

游戏建议：

（1）游戏前，应试做双人蹲跳动作。

（2）要求跳跃时协调一致，可以喊口令"一二""一二"，以便协调用力。

（3）双人蹲跳也可改为侧向的蟹行动作，即两人左右同时依次向侧面跳进。

(三) 背人接力

游戏目的：培养团队精神和发展力量素质。

游戏准备：两条相距10米的平行线，两根标志杆。

游戏方法：将队员分成人数相等的两队，再将各队按两人一组分成若干组，成纵队站在起跑线后。游戏开始后，各队排头队员背着同伴跑至终点绕过标志杆，然后二人互相换位跑回本队起点，以后各组依次循环进行，直至完成为止，先完成的队为胜，如图6-43所示。

游戏规则：

（1）被背着的同伴脚不能着地。

（2）换位背好人后才能向回跑。

游戏建议：可以根据学生的承受力调整距离。

图6-43 "背人接力"游戏

四、发展力量的注意事项

1. 循序渐进递增训练负荷

根据力量增长快、消退也快和增长慢、消退也慢的规律，负荷训练能使肌肉最大限度地收缩，从而刺激肌肉产生相应的肌力，使肌力不断地得到提高。实践证明，每周安排两次力量训练可保持已获得的力量，只有坚持长期的科学训练，才能使力量得以逐步增长。

2. 全面平衡发展

上下肢、前后肌群要平衡发展，离心收缩与向心收缩要成比例，主动肌、协同肌与对抗肌的放松练习也要纳入力量训练计划中。在一节力量训练课中，其安排应按照从大肌群至小肌群的训练规律。在常年或多年的训练过程中，应坚持小肌群训练的不间断。

3. 训练手段和方法力求多样

任何长时间、单一的练习方法，都会使队员感到枯燥甚至厌倦，且对队员体能的影响不可能是全面的。为了提高队员练习的兴趣，全面增强队员的体能，应根据力量训练的任务，结合队员的身心特点，采用多样化的训练手段和方法。

4. 因人而异，因材施教

要根据队员年龄、体形、场上位置、个体特征的不同因材施教，循序渐进。在青少年时期，应主要以克服自身阻力的形式，逐步提高承受负荷的能力，多采用动力性练习，以发展一般力量训练为主。在中青年阶段，可逐步承受大力量的负荷训练，但负荷大或达到极限强度时，一定要加强保护，避免伤害事故的发生。

第四节 | 气排球锻炼与柔韧性练习

柔韧性是指人体关节活动幅度的大小以及跨过关节的韧带、肌腱、肌肉、皮肤及其他组织的弹性和伸展能力。柔韧性是完成大幅度运动技能和快速运动技能的先决条件，能否完成大幅度运动技能取决于关节活动范围的大小，而关节活动范围的大小又是决定柔韧性的首要因素，它与动作技能的质量密切相关。练好柔韧性，对气排球运动技能的掌握有着重要的意义。

一、柔韧性在气排球技术中的体现

气排球运动中最能体现柔韧性的技术动作是扣球（肩关节、腕关节、腰）、移动和垫球（髋关节、膝关节、踝关节）。

气排球锻炼中为解决关节活动幅度和肌肉体积增加的矛盾，必须有针对性地进行柔韧性练习，才能更好地提高气排球技能。柔韧性一方面受先天遗传的影响，另一方面也受后天练习的影响。因此，改善原动肌和对抗肌肉之间的协调，也是提高柔韧性的主要方法。

二、柔韧性的练习方法

1. 发展手指、手腕的柔韧性

（1）两手相对，指尖向上互触，做反复弹压练习。

（2）压腕练习。

（3）手持短器械做腕绕环练习。

（4）队员一手侧扶肋木，两腿前后分开，脚跟着地并固定，做前后转体练习。

2. 发展肩关节柔韧性

（1）做两臂前后绕环和上下摆振练习。

（2）手扶墙（或肋木），做压肩、压腰练习。

（3）在单杠和肋木上做单拉、双拉肩练习。

（4）两人相对，手扶对方肩部，同时做体前屈压肩练习。

（5）背对肋木坐下，两手从头上握住肋木，两脚不动，腰尽量向前挺起，持续数秒钟。

（6）两人背向站立，双手互握，左右侧拉。

3. 发展腿部的柔韧性

（1）两腿交换，做前、后、左、右摆振练习。

（2）做各种踢腿动作，如前踢、后踢、侧踢等。可以徒手做，也可以扶墙、树干或肋木做。

（3）扶墙拉脚（图6-44）：一只手扶墙站立，一条腿屈膝，使脚跟靠近臀部。

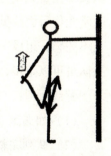

图6-44　扶墙拉脚

（4）仰腿折叠（图6-45）：臀部坐在垫上跪立，后倒，身体躺在垫上，脚跟在大腿两侧，脚尖向后。

图6-45　仰腿折叠

4. 发展腰、髋的柔韧性

（1）上体弹振，做前后屈动作（后屈时可加弹性阻力和保护）。

（2）双手握单杠或吊环，做腰回旋动作。

（3）两位队员背对背直臂互握，平举或屈肘互勾，做大幅度体转动作。

前滚翻、后滚翻　　身体大回环

三、发展柔韧性的气排球游戏

火车赛跑

游戏目的：发展腿部柔韧性和动作的协调性。

游戏准备：平坦场地一个，两条间隔15米的平行线。

游戏方法：将队员分成人数相等的两队，排成纵队站在起点线后。游戏开始前，每个队员都把自己的左脚伸给前面的人，左手用手掌兜住后面队员伸来的腿，右手搭在前面人的肩上，排头队员不伸脚，排尾队员不兜脚，组成一列"火车"。听到出发口令，全队按照一个节拍向前跳动，排头队员可以走步，以排尾队员先通过终点线为胜，如图6-46所示。

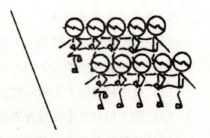

图6-46　"火车赛跑"游戏

游戏规则：

（1）如遇跑动中"翻车"或"脱节"，必须在原地接好后方能前进。

（2）队列完整通过终点才能记成绩。

游戏建议：

（1）建议步调一致，喊号前进。

（2）比赛可设定为三局两胜，左右腿交替进行。

四、发展柔韧性的注意事项

1. 柔韧性与性别、年龄有关

在锻炼前,可进行一定时间的柔韧性准备活动,使体温升高,肌肉内部的黏滞性降低,膝关节软骨增厚,所表现出来的柔韧性也会较好。因此,柔韧性的训练应安排在课的前半部分,尤其要在队员精力充沛、情绪高涨时进行效果较好。

2. 柔韧性训练要适应专项的要求

在气排球运动中所表现的柔韧性,不仅反映在某个动作中某一关节或身体的某一部位上,它往往还牵扯到两个或两个以上的关节和部位。因此,在训练时要对包括主要柔韧性活动区在内的各相关关节、部位进行训练。

3. 柔韧性训练要经常练习

经常练习可使肌肉和韧带的伸展性不断得到发展。青少年的关节面角度大、软骨厚,韧带较松弛,肌肉的伸展性较好,且女生优于男生。

4. 气温对柔韧性有一定的影响

天气暖和、全身发热时柔韧性较好,天气寒冷、身体发凉时柔韧性较差。为取得好的训练效果,当气温较低时,准备活动要充分,以身体轻微出汗为宜。

第五节 气排球锻炼与灵敏性练习

灵敏性是指运动员在各种突然变换的条件下,快速、协调、准确地完成动作的能力。它是运动员技能和素质在运动中的综合表现,是一种复杂的素质。如气排球运动的"滚翻救球""鱼跃救球",扣球时准确的"空间感"等,都需要具备良好的灵敏性,才能将技术发挥得淋漓尽致。

一、灵敏性在气排球技术中的体现

气排球运动员的灵敏性主要表现在:
(1)能根据不同性质的来球做出相应的技术动作。

(2) 能在最准确的时机完成最适合的技术动作，即"时空感"。

(3) 对空中运动着的球有准确的时间、位置判断，从而运用正确的技术动作。

灵敏性在气排球场上主要体现在预判决策能力、改变方向能力和变换动作能力这三个方面。实际运用在：临场的各种变向的起动、移动；合理运用各种倒地救球动作后快速起立；空中扣球和拦网动作的变化和平衡；各种技术动作的串联和互补。

二、灵敏性的练习方法

1. 徒手练习

（1）两臂同时分别向前、后绕环。按教练员口令，两臂分别做不同顺序、不同起始节拍的动作。左手前平举，右手在体侧不动；左手上举，右手前平举；左手平举，右手上举；左手下放体侧，右手侧平举；左手不动，右手还原。

（2）两足开立和并拢连续跳跃，双手从体侧平举至头上击掌，最后还原。

（3）分足跳时，双手在头上击掌；并足跳时，双手侧平举。

（4）连续交换单足跳跃。前踢腿时，双手触足尖；后踢腿时，双臂上振，反复进行。一条腿前踢，落地后换另一条腿后踢。

2. 垫上练习

（1）前滚翻练习。

（2）鱼跃横滚翻练习。

3. 结合场地和球的练习

（1）根据不同信号，队员分别做快速起动、制动、变速、变向及跳跃动作。

（2）将球用力向地面击打，待其反弹后从球下钻过，反弹一次钻一次，力争钻的次数多。

（3）教练员灵活运用扣、吊或抛球的方法控制球的速度和落点，队员判断取位，将球回传（垫）给教练员。

（4）教练员灵活运用扣、吊球手法，将球击到边（或端）

转身接反弹球

线附近,队员移动垫球,接界内球,不要接界外球。

三、发展灵敏性的气排球游戏

(一) 同号追逐

游戏目的:发展快速反应、灵敏性及速度素质。

游戏准备:全体队员面向圈内站成圆形,1~4报数后,各人记住自己的号码。

游戏方法:游戏开始,如教练员喊"2",所有报"2"的人立即沿逆时针方向绕圆圈向前跑,并努力追赶前面一个人。跑一圈后,如未被别人追拍上,仍站回原来位置;如被追上,则退出游戏,站到圆圈中去,如图6-47所示。

图6-47 "同号追逐"游戏

游戏规则:

(1) 必须按规定的方向沿圆圈追跑。

(2) 追上者可以轻拍前边的人,但不允许推搡或绊人。

游戏建议:

(1) 游戏前臂、腰、腹、臀要充分活动开。

(2) 教练员在游戏前要提出安全措施。

(二) 拉网捕鱼

游戏目的:培养追逐、躲闪、奔跑的能力。

游戏准备:将篮球场或排球场算作"鱼塘"(场地大小可根据人数多少确定),练习者分散在场地内做"鱼",另选三人做"渔夫"。

游戏方法:教练发令后,三位"渔夫"手拉手做成"网"在鱼塘内捕鱼,被网围住了就算被捉,被捉的人立即又与渔夫手拉手去捕捉其他的鱼,直至将所有的鱼捉完为止，如图6-48所示。

游戏规则：

（1）做"鱼"的队员不能跑到鱼塘之外，否则算被捉住。

（2）"鱼"不能冲破渔网逃跑，但"渔夫"的手拉开了，"鱼"则可以从间隙中逃跑。

图6-48 "拉网捕鱼"游戏

（三）球击圈内人

游戏目的：发展身体的协调性和灵活性。

游戏准备：气排球2个，直径为9～12米的圆圈1个。

游戏方法：将队员分成人数相等的甲、乙两个队，甲队分散在圆圈内，乙队持两个排球站在圈外。教练员发令后，圈外人用排球打圈内人，圈内人则在圈内闪避。圈外人可以相互传球，选择恰当的机会，突然用球打击圈内人。圈内人如果被球击中，则要退出圈外。在规定时间内教练员吹哨交换，最后剩人多的队为胜，如

图6-49 "球击圈内人"游戏

图6-49所示。另外，此游戏也可画两条平行的线，一队站在两线外，一队站在两线中间。

游戏规则：

（1）投击时，击中臀部以下才算有效。

（2）投击者可以互相传球，寻找有利时机，但不能进圈内。

（3）圈外人只许站在圈外用球击打，如进圈内则打中无效。

游戏建议：

（1）做好热身准备活动，防止发生伤害事故。

(2) 做游戏时圈内人要注意躲闪。

(四) 打龙尾

游戏目的：提高传球、投掷的准确性。

游戏准备：排球 1 个，直径约 10 米的圆圈 1 个。将队员分成人数相等的 4 个队，其中的一个队在圈内站成一纵队做"龙"，排头队员是"龙头"，后面的人双手搭在前面人的肩上或者抱住前面人的腰，排尾队员是"龙尾"，其他 3 个队的队员分散站在圆圈的周围，其中挑出一人手拿一个排球。

游戏方法：游戏开始，圈外的队员设法快速、准确地将球掷出打击龙尾，也可先相互传球，看准机会再打；龙尾则灵巧地躲闪，避免被球击中，龙头也可用手或身体挡住来球，保护龙尾。尾如被击中，则应退出游戏，站到圈外去。新的排尾又成为新的龙尾，游戏继续进行。在规定的时间内教练员吹哨，换上另一队做龙，游戏重新开始。4 个队在相同的时间内，被打掉龙尾最少的队为胜，如图 6-50 所示。

图 6-50 "打龙尾"游戏

游戏规则：

(1) 圈外的队员不能进入圈内掷球，如球掉在圈内，可进圈捡球，但需将球传出圈外才能打击。

(2) 只能用球打击队员的头部以下部位。

(3) 打中龙尾以外的队员均无效。

(4) 如龙在游戏中脱节，则算被打中一次，重新接上再做。

(5) 不能将龙尾卷在里面。

游戏建议：

(1) 游戏时龙尾要注意躲闪。

(2) 龙头要全力挡住来球，保护龙尾。

四、提高灵敏性的注意事项

（1）气排球运动中的灵敏性是由判断力、反应速度、移动速度、爆发力和协调性多种素质与气排球技术结合而成的。灵敏性训练要求队员注意力集中，动作准确快速，因此，应把灵敏性训练放在训练前半部分进行。

（2）灵敏性训练要注重对腰、腹、背的训练，它们是连接上下肢的纽带，各种全身活动都离不开它们的配合，对于身体的灵敏性起着重要的作用。

（3）灵敏性训练应以视觉信号为主。在气排球运动中，运动员的灵敏性反应多来自对已观察到的情况的判断，根据观察与判断及时地做出反应动作。所以要积极发展运动员的观察能力，提高他们神经系统的反应能力。

（4）根据年龄特点，安排好灵敏性训练。13~14岁以前，通过训练来发展灵敏性可以取得较大的效果；15~16岁是快速生长期，灵敏性增长较慢；到18岁以后灵敏性又以稳定的速度增长。训练中要根据运动员生理特点和实际情况，抓住灵敏性发展的规律和时机，科学地安排训练，才能取得良好的效果。

（5）灵敏性训练的内容和动作设计应考虑到气排球技术动作的需要。如翻滚、前扑、鱼跃、起跳、空中动作、击球、转体等，应紧密结合技术特点，使灵敏性能直接应用到气排球比赛中。

第六节 气排球锻炼与耐力练习

耐力是有机体长时间工作，克服工作过程中产生的疲劳的能力。耐力是维持人体持续运动的能力，是人体健康和体质强弱的重要标志。在气排球运动技能学习过程中，扣球、拦网、防守、攻防转换都需要运动员具备良好的耐力素质。如气排球运动员在连续做扣球练习时体能下降，易产生疲劳，导致扣球动作变形，产生"下网"或"出界"现象。因此，提高运动员克服疲劳的能力，在气排球运动技能的实践中非常重要。

一、耐力素质在气排球技术中的体现

气排球是一项不受时间限制，有适当间歇，身体处于不断移动、跳跃之中的运动。其耐力素质的特征体现在有氧耐力和无氧耐力两者的结合上，以有氧耐力为基础，以无氧耐力为主导。气排球运动员在技能学习过程中，有机体机能的节省、协调性的完善、力量的合理分配都能有效地提高能量储备的利用率。机能的节省主要反应在随着运动技能水平的提高，在单位时间内能量消耗减少；协调性的完善可以减少不必要的能量消耗；力量的合理分配可以提高能量的利用效率。

另外，在运动中个体的参与动机和兴趣，以及面临活动的心理稳定性、努力程度、自持力和意志品质对耐力的发展起着非常重要的作用。尤其在长时间运动出现疲劳情况下，意志品质的作用体现得尤为明显。例如，在气排球比赛中，经过多个回合的攻防较量还无法得分，在进攻队员和防守队员都出现疲劳时，哪一方拥有坚强的意志力，就可能成为得分的一方。

二、耐力的练习方法

1. 弹跳耐力练习

（1）连续的小负荷多次数的力量训练。

（2）规定次数、时间、节奏的跳绳。如5分钟跳绳练习：双脚双摇跳30秒，左脚弹跳1分钟，右脚弹跳1分钟，完成两个循环正好5分钟（可根据训练水平调整负荷）。

（3）连续跳上、跳下台阶或高台。

（4）连续原地跳起，单或双手摸篮板或篮圈。

（5）连续收腹跳8~10个栏架。

2. 移动耐力练习

（1）看教练员的手势，连续向右前、左前、前方进退移动，2~3分钟为一组。

（2）36米移动：队员站在进攻线后看信号起动。前进时必须用双手摸到中线，后退时双脚必须退过进攻线，前进、后退两个来回后，接侧身并步或交叉步移动（不许转身），做两个来回，用单手摸线，然后做钻网跑，单手摸对方场区进攻线，跑开时单手摸出发线。

(3) 连续移动接教练员抛出的不同方向、不同弧度的球。

(4) 单人全场防守，要求防起15个球为一组。

(5) 个人连续的跑动传球或垫球10~15次。

3. 综合耐力练习

(1) 身体训练后再进行气排球比赛或比赛后再进行身体训练。

(2) 技术训练后再进行篮球或足球比赛，或其他游戏活动。

(3) 象征性气排球比赛模仿练习：如队员从1号位防起一个扣球，之后前移防起一个吊球；移动到5号位调整传球一次，再移动到4号位扣球一次；移动到3号位做一次拦网动作，后撤上步扣球，再移到2号位做一次单脚起跳扣球。此为一组，连续做若干组。

(4) 连续打5~8局的教学比赛，可训练比赛耐力。

三、发展耐力的气排球游戏

(一) 跑四角

游戏目的：提高耐力。

游戏准备：气排球场地或一个边长15米的正方形场地，在四个角上各画出一个三角形的安全区。选出2人为领头队员站在正方形内，其他队员分别站在4个安全区内。

游戏方法：游戏开始后，在安全区内的队员可以趁领头队员不注意，跑向其他的安全区。但如果在安全区以外被领头队员拍击到，则与领头队员对换，如图6-51所示。

图6-51 "跑四角"游戏

游戏规则：

（1）领头队员不能进入安全区内拍击。

（2）逃跑队员跑出正方形之外算被捉住。

（3）被追队员不能站在安全区内不动，若出现这种情况，领头队员可以"读秒"，数到5秒，其间若没有队员换区，则可任意指定一个队员对换。

游戏建议：可以利用战术跑向其他的安全区。

（二）连续跳跃栏架

游戏目的：发展腿部和腹部的力量，培养连续跳跃能力。

游戏准备：两条相距10米的平行线，一条为起跳线，一条为终点线。每隔1米放一个栏架，摆放两排，栏高76.2厘米。

游戏方法：将队员分成人数相等的两队，分别成纵队站在起跳线后。教练员发令后，各排头队员用双脚起跳，收大腿跃过栏架，连续跳跃过所有的栏架，到终点后，跑回击第二个队员的手，自己回到队尾。第二个队员用同样的方法做动作，依次进行。最后以先跳完的队为胜，如图6-52所示。

图6-52 "连续跳跃栏架"游戏

游戏规则：

（1）必须采用双腿依次跳跃每个栏架。

（2）可连续一步跳一个栏架，不能连贯跳跃的，中间也可以稍有停顿。

（3）如果碰倒栏，应扶好后再重新跳跃。

游戏建议：

（1）栏的高度可根据具体情况而确定。

（2）练习或游戏时，严禁倒着跳栏，以免发生伤害事故。

(三) 单足追捕

游戏目的：发展弹跳力和耐力。

游戏准备：一块平坦空地。

图6-53 "单足追捕"游戏

游戏方法：开始前，教练员指定两人为追捕者，全体分散在场地内，听到教练员口令后开始，追捕者以单足跳形式追捕场内人，用手触及被追者身体的任何部位即为捕获，被捕获的人即变为追捕者，在规定时间内结束游戏，如图6-53所示。

游戏规则：

（1）追捕者在追捕时，抬起的脚不能触地，如果累了，单足跳够10次以上可以换腿。

（2）被追者如踏入边线，则判被追捕到。

游戏建议：此游戏可改为分组对抗形式进行，一定时间内追捕到较多人者为胜。

四、发展耐力的注意事项

（1）耐力训练应在全年训练计划中统筹、安排。通常在冬天多安排一般耐力的训练，作为全面训练的基础；在夏天和比赛前可减小一般耐力的训练。

（2）耐力训练应注意年龄特点。队员在身体发育成熟前，应着重发展其有氧耐力，而不宜进行大量无氧耐力的训练。对这一阶段的青少年，可根据情况，适当穿插一些无氧耐力训练，随着其年龄的增大，身体发育的不断成熟，应逐步加大无氧耐力训练的比例，为气排球竞技能力的提高奠定基础。

（3）紧密联系气排球运动的实际，各种技、战术和身体训练只要安排得当，都可以提高耐力，特别是在技战术训练中，在时间、密度、强度的安排上应有意识地结合气排球耐力训练的要求。在形式上接近实战，在练习量上要超过实战。采用极限训练法、间歇训练法和循环训练法，都能有效地促进耐力素质的提高。

（4）耐力训练对队员的意志品质要求较高。坚强的意志能充分发挥队员的内部动因，提高抗疲劳能力，促进耐力训练水平。因此，在耐力训练中，要注重队员意志品质的培养。

（5）耐力训练要持之以恒。耐力素质容易消退，因此，要经常进行耐力训练。每周至少应坚持一次有一定强度的耐力训练，才能使耐力素质得到保持。

第七章　气排球运动的日常训练与参赛

第一节　气排球运动的日常训练

一、训练前的准备工作

准备工作是训练课的重要组成部分,其工作内容主要是制订训练计划,包括训练目标、内容与方法等。

二、训练目标

(1) 培养队员参与气排球活动的意识,促进身体发展,全面提高身体素质和运动素养。

(2) 学习气排球运动的基本知识、基本技术和战术,并通过比赛提高运动员的技战术水平。

(3) 充分发挥体育的德育功能,在训练过程中有针对性地培养运动员高尚的思想道德、优良的作风和坚强的意志品质。

(4) 教练员通过不断学习,指导气排球训练的有关知识和技能,不断提高训练的质量和效果,为气排球运动的推广和发展做出贡献。

三、训练内容与方法

(一) 训练内容

训练内容应根据业余训练的特点而制订,按照气排球运动的基本规律和队员的实际水平,严格地制订计划并实施。其主要训练内容包含以下几个方面:

1. 运动员身体训练

各项运动技战术的掌握和运用都是以身体素质为基础,气排球运动员身体素质的好坏,直接影响技、战术水平的发挥。身体素质训练包括速度、力量、耐力、灵敏性、协调性五大方面。

(1) 速度训练。速度训练包含移动速度、反应速度和动作速度训练三大部分。人体速度的表现程度取决于人体中枢神经系统的灵活程度,因此,速度训练要与身体素质训练同步进行,而速度训练的重点在于反应速度和动作速度的训练。

(2) 力量训练。气排球运动要求运动员快速起跳、移动和挥臂击球,所以,发展运动员的爆发力是体能训练的主要任务。快速力量取决于肌肉收缩速度和收缩力量,相对于提高肌肉收缩速度而言,提高肌肉收缩力量较容易。传统的发展肌肉力量的训练方法适用于气排球运动员,但要注意负荷量和负荷强度之间的搭配。

(3) 耐力训练。根据气排球运动的专项比赛特点,要求运动员具备良好的耐力以适应比赛的强度。在一般耐力训练的基础上,还要结合专项身体训练和技战术训练。

(4) 灵敏性训练。灵敏性是人的综合素质的表现,运动员通过灵敏性训练,在各种复杂的条件下迅速做出有力、准确、协调的动作,培养反应能力、平衡能力和观察能力等。

(5) 协调性训练。气排球运动中各种技术动作都对运动员的协调性提出了较高的要求,因此,运动员在进行协调性训练时要注意保持肌肉的弹性,这样在做技术动作时,才能较好地完成较复杂的技术动作。

2. 运动员技能训练

根据气排球运动的特点，技能训练主要为基本技术训练。气排球的基本技术分为无球技术和有球技术。

（1）无球技术主要包括准备姿势和移动步法。准备姿势和移动训练可在准备活动部分进行，初学者在课上可通过模仿教练员动作进行练习，待动作熟练以后，队员可根据教练员口令进行练习。

（2）有球技术包括传球技术、垫球技术、发球技术、扣球技术和拦网技术五大部分。初学者在学习气排球基本技术时，可先进行模仿动作练习，待熟练以后，可分组进行练习。

3. 运动员战术训练

战术训练是在运动员掌握一定的基础动作后进行的，战术训练首先要从运动员的战术意识开始，然后落实到战术训练的具体方法上。主要注意以下两个方面：

（1）战术训练要在个人战术意识形成的基础上，确定一套适合本队的攻防战术体系，并逐步渗透到战术训练的各个环节中，不断加以完善。

（2）战术训练要与身体、技能、心理等训练有机结合，并通过一定时间的训练来提高战术质量。

4. 运动员心理训练

心理训练是为培养运动员良好的意志品质，使其在气排球比赛中具备稳定的心理状态。心理训练的方法有模拟情景法、自我暗示法、放松训练法等。要根据具体情况选择合适的训练方法，切合实际地进行训练。

5. 运动员智能训练

智能训练是指通过有目的、有计划地向运动员传授气排球比赛知识与经验，提高运动员在比赛中对场上情况的判断能力和战术选择能力，从而提高运动成绩。对运动员智能训练主要包括理论内容教授、技战术分析、赛后总结等多个方面，全面地开发运动员的运动智能。

（二）训练方法

训练方法是指为完成气排球训练任务所采用的各种方法的总称。为了提高运动员的技战术水平和运动成绩，根据不同的训练对象以及训练内容和要求，所采用的训练方法也是多种多样的。

1. 完整训练法

完整训练法是指教练员在气排球训练中要求运动员对一个技术动作不分部分和段落，一次性完整完成的一种训练方法。这种训练方法主要根据气排球技术动作的结构特点，为保持动作结构的完整性和提高完成动作的协调性、节奏性，使该技术动作的练习能与技术动作的运动相一致而采用的，一般适用于较简单的技术动作练习。

2. 分解训练法

分解练习法是指教练员把完整的气排球动作或战术配合，合理地分解成若干部分或几个段落，要求运动员逐个进行学习和掌握的一种练习方法。这种练习方法主要用于一些较复杂、难以一次性完成的技术动作，或在教练员用来纠正错误动作时采用。

3. 重复训练法

重复训练法是指在不改变动作结构和运动负荷的情况下，按照既定的要求反复进行练习，保证每组之间的间歇时间能使机体基本恢复的一种练习方法。重复训练法的特点是对于气排球某项技战术的训练相对集中，通过多次重复某一个动作，容易形成条件反射，从而便于队员掌握该项技术动作。重复训练法的运用要控制好四个基本要素之间的关系：距离和持续时间、速度和负荷量指标、数量和练习次数、重复和间歇时间。

4. 游戏训练法

游戏训练法是指根据气排球训练的需要，教练员采用游戏的手段来调动运动员情绪，使运动员主动参与到训练中，从而提高运动训练效果的一种训练方法。游戏训练法在气排球训练中，既适合于基本技战术训练，也适合于身体训练和体能的恢复。但在采用该种训练方法时，对游戏的选择要有针对性，应根据训练内容组织游戏，同时可采用一些奖励手段来激励队员积极参与。

5. 串联训练法

气排球的各种技术动作在比赛中并不是单一存在的，而是有机地结合在一起，因此，训练中应把各项技术结合起来训练，这种两个及两个以上的技术有机结合的训练方法称为串联训练法。在采用该种训练方法时，教练员要根据气排球比赛的特点，设计好各种串联训练计划，以最贴近实战的训练状态，取得最佳的训练效果。

6. 系统训练法

气排球运动有一攻、防反、保攻、推攻四大战术系统，在训练中进行某些战术系统训练的方法称为系统训练法。系统训练应包含整个系统的各个环节和各种技术，并将其有机地串联起来。系统训练法一般用于提高队员之间配合的默契程度，可以在对抗的条件下进行。采用系统训练法时要结合比赛的实际情况，在近似实战的情况下进行整体战术系统的训练，效果较好。

7. 分组训练法

气排球分组训练法是指将队员分成若干组，从事同一内容或不同内容的训练方法。采用分组训练法时，一般针对队员的职责，根据队员在场上的位置进行分组训练，重点提高队员的专项技术水平。分组训练法通常用于场地设备不足、队员人数较多以及训练强度较大等情况。

8. 比赛训练法

比赛训练法是指教练员为提升运动员的气排球竞技能力和积累比赛经验，在接近比赛的条件下，检验运动员的技战术学习和运用情况，同时培养队员比赛意识的练习方法。运动员平时训练的技战术水平通过比赛实践来体现，同时，也可以通过比赛来寻找自身的不足，为以后的训练提供参考。在比赛中积累经验，这是任何运动项目提高水平的必经之路。

四、训练原则

气排球训练的基本原则就是依据训练活动的基本规律来指导气排球训练。

1. 竞技需要原则

竞技需要原则是指根据比赛项目的特点和运动员在比赛中获取满意运动成绩的需要，从实战出发，定向地科学安排训练过程的阶段及训练内容、方法、手段和负荷等因素的训练原则。

在制订气排球训练计划时，首先要对运动员的竞技状态做出科学的诊断；然后根据运动员个体的实际情况安排好训练内容和比赛工作；最后要根据气排球比赛的特点，科学地选择训练的手段和方法，合理地安排训练负荷。

2. 系统训练的周期性安排原则

系统训练的周期性安排原则是指根据运动训练的结构特点、竞技状态的呈现特征和重大赛事安排规律，系统、持续、周期性地组织训练过程的训练原则。在气排球运动中，将一个大训练周期分为：准备期、比赛期、恢复期等。在训练计划的制订过程中，要注意各个周期之间的衔接工作，协调好各个周期之间的关系。

3. 区别对待原则

区别对待原则是指运动员以组或队的形式进行训练，同时根据运动项目、个体特征、训练任务、训练条件等方面的不同而分别做不同训练安排的训练原则。气排球运动是一项团体性运动，只有整体水平的提升，才能促进队伍的进步。在训练过程中，要特别注意个性安排与共性内容的结合，依据队员不同的身体状态、技战术水平、意志品质、个性心理特征等，有针对性地制订运动训练计划，从而推动运动员个性的发展。

4. 适时恢复原则

适时恢复原则是指根据运动员的现实可能和人体机能的训练适应规律，以及提高运动员竞技能力的需要，在训练中给予相应程度的负荷，并能及时消除运动员在训练中所产生的疲劳，通过生物适应过程，提高机体能力和取得理想效果的训练原则。在气排球运动中，掌握好负荷和恢复的关系是教练员制订训练计划的首要条件，在训练过程中变换训练内容和训练环境，交替安排负荷，调整间歇的时间和方式，加速运动员体能的恢复，提高运动员的能力。

五、训练负荷

不同水平的气排球运动员的训练负荷不同,训练天数及训练课次有很大的区别。随着运动员竞技水平的提高,对训练的要求及负荷的承受能力会大大提高,相应的训练计划也要及时调整。一般每天安排两课时,通常一节课为基本训练课,另一节课为补充课。基本训练课一般安排提高专项所需的竞技能力,而补充课则安排比较广泛的训练内容,课程设置也较灵活。

六、注意事项

(1) 在气排球训练之前,要充分做好热身活动,采用多样式的活动形式,以提高队员的兴奋性。

(2) 在气排球训练时,要注意动作学习的准确性以及动作各环节发力的顺序。

(3) 在气排球训练时,要进行团队配合方面的训练,每个人头脑中都要有团队意识,做好自己该做的事,与团队共同进步。

(4) 在安排气排球训练负荷时,不同时期的训练负荷不同,不同水平的运动员的训练负荷也不同。

第二节 气排球比赛注意事项

中老年人参加气排球比赛应以"安全第一、淡化锦标、重在参与、旨在交流、健康快乐"为宗旨。提倡把气排球比赛办成团结、友好、欢乐、和谐的赛事盛会,在"积极老龄化"、"健康老龄化"、构建和谐社会中发挥积极作用,推动老龄事业和老年人体育工作的全面、协调、可持续发展。因此,针对中老年人娱乐性强、竞争性弱的特点,以交流为主题来举行比赛更为贴切。

一、比赛前

（一）赛前训练计划制订

赛前训练计划是为了全队能更好地适应比赛节奏所进行的针对性训练计划。其主要任务是保持队员的身体技能和素质水平，强化个人与集体的默契程度，解决薄弱环节，提高技、战术质量和效果，调节负面情绪，增强比赛信心，保证在赛前达到最佳竞技状态。赛前训练计划的制订主要围绕以下几个方面：

1. 合理安排训练内容

根据个人的具体情况进行针对性的技术训练，加强薄弱技术的练习。战术训练的比例要大，主要加强队员之间的默契程度，提高战术质量。适当减少体能训练比例，体能训练以专项素质练习为主。

2. 合理安排训练负荷

赛前的运动负荷要根据比赛的特点安排。由于气排球比赛的特点，赛前训练的运动负荷应逐渐降低，且不宜进行过长时间的训练。适当的赛前训练可以逐步消除平时的运动疲劳并保证不再产生新的疲劳。

3. 合理安排训练方法和手段

赛前训练的方法和手段主要有以下几点：

（1）对抗性练习。技战术的训练应多在对抗条件下进行，增强练习的实战性，提高训练的针对性，培养运动员的应变能力。

（2）模拟真实比赛环境条件下的练习。安排与真实比赛相似的赛场环境进行模拟比赛，通过模拟比赛来检验训练效果，并针对模拟比赛中所出现的问题制定对策，同时使队员适应赛场环境，增强运动员的心理素质，克服比赛中可能出现的不良心理反应，进而提高实战水平。

（二）熟悉比赛场地路线和环境

要提前了解比赛地点，做好对异地参赛的场地路线、场地环境等与比赛有关的情况的了解，及早做好适应性准备。

（三）赛前身体检查

比赛之前对身体进行全面的检查，同时在赛前积极做好准备活动，避免运动损伤。

（四）消除赛前紧张心理

不良的赛前紧张心理是一种不利于比赛的心理状态。在临场情况下，队员对即将开始的比赛会表现出忐忑不安、过度兴奋、注意力不集中等现象。可采用一些强度小、幅度大、速度和节奏稍慢的动作练习来调节紧张心理，保证队员比赛时正常发挥水平。

二、比赛中

（一）对体能的合理分配

体能是运动员技战术水平发挥的基础和保证。训练和比赛的主要差别体现在心理和身体强度上，比赛中的身体强度和心理压力要明显大于日常训练阶段。因此，比赛期间合理的体能分配和心理调整是保证运动员竞技水平发挥的重要保证。

（二）比赛中战术的运用

在气排球比赛中，教练员既可以在暂停时进行战术指导，也可以通过更换队员调整战术安排。教练员在进行指挥时应该注意，在紧张、激烈的比赛环境下，运动员只能接受较少的信息，教练员所给的提示和指导应该简明扼要，使运动员能够迅速做出相应的反应，及时贯彻合适的战术，这样才能获得最终的胜利。

（三）对突发情况的应变和处理

即使赛前做足准备工作，由于比赛争夺十分激烈，赛场情况瞬息万变，队员处于情绪兴奋状态，加上出现一些客观因素的干扰，往往容易引发一些不良的突发事件。教练员要善于观察，临场指导，稍有苗头就应该及时疏导，做好工作，防止事件恶化。在突发事件出现后，教练员要有足够清醒的认识和思想准备，首先要立即控制场上局面，不让矛盾激化；其次要利用教练员的权威作用，帮助队员控制好情绪，稳定心态，积极比赛。

三、比赛后

(一) 赛后的恢复与调整

比赛结束后,为确保运动员身体得到充分放松和恢复,应督促运动员进行整理活动、伸展活动等放松性练习,以使运动员的体能在赛后得到迅速的补充和恢复。若当天还有别的比赛,要督促运动员进行适当的休息。同时,针对运动员心理状态所出现的问题,要积极调整,帮助队员找到自信心,使其达到最佳竞技状态,为后续比赛做准备。

(二) 赛后总结

每场比赛后都应进行总结,其目的是帮助队伍找到自身的不足之处,发扬优点,克服缺点,为下一场比赛做好准备。总结不能以单纯的比赛胜负来评价,而应以客观的态度,多角度地看问题。对表现优异的运动员要给予表扬,对发挥失常的运动员要多加鼓励。另外,教练员对于自己的指挥工作也要大胆评判,勇于承担责任。气排球运动是一项团体性的运动,只有团队共同努力,才能取得进步,获得胜利。

总结会一般在比赛结束后第二天进行。因为比赛当天队员很兴奋,难以冷静思考问题,但也不能拖延太久,以免将比赛中的细节遗忘、疏漏。

第八章 气排球竞赛规则与裁判工作

第一节 气排球比赛方法与主要规则

1. 比赛场地

气排球比赛场地为长 12 米、宽 6 米的长方形,其四周至少有 2 米宽的无障碍区,从地面向上至少有 7 米高的无障碍空间,如图 8-1 所示。

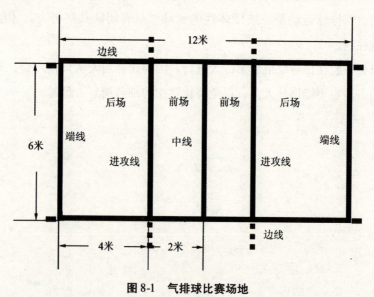

图 8-1 气排球比赛场地

2. 球网

男子网高为 2.1~2.2 米,女子网高为 1.9~2 米。(老年组男子网高为 2 米、

女子网高为 1.8 米，如图 8-2 所示）

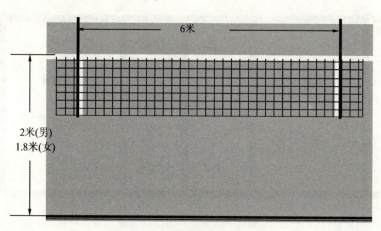

图 8-2　老年人气排球比赛球网

3. 比赛用球

球是圆形的，由柔软的材料制成。颜色为黄色、白色或彩色。圆周长为 76～78 厘米，质量为 100～120 克，一次比赛所用的球必须是同一特性、同一品牌的球。

4. 赛制

比赛采用三局两胜制，胜两局的队为胜一场，如果前两局比分为 1∶1 平局，将进行决胜局比赛。前两局，每局为 21 分，当比分为 20∶20 时，先获得 21 分的队即胜该局。决胜局，先得 15 分同时超过对方 2 分的队获胜；当比分为 14∶14 时，比赛继续进行至某队领先两分为止，某队先得 8 分时交换场地。

5. 上场阵容

每队场上必须始终保持 5 名队员的比赛阵容。队员的轮转顺序应按位置表登记的顺序进行，如图 8-3 所示。

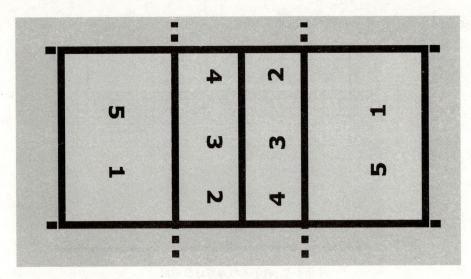

图 8-3 上场阵容

6. 主要规则

（1）一个队最多有 10 名队员、1 名教练员、1 名助理教练员，教练员可以兼运动员。（老年组一个队最多有 8 名队员、1 名教练员、1 名助理教练员）

（2）当接发球队胜一球时，获得发球权并轮转，由前排右侧（2 号位）队员轮转至 1 号位发球。

（3）发球队员如果将球抛起，未触及发球队员而落地，允许再次发球，时间连续计算在 8 秒内。

（4）队员可以在进攻线前（前场区）完成进攻性击球，但球的飞行轨迹必须高于击球点，有明显向上的弧度过网进入对方场区。

（5）拦网时允许拦网队员的手过网拦网，但必须在对方进攻性击球后才能触球。（老年组：拦网触球时，触球点必须在本方场区空间）

（6）每局比赛中，每队最多请求两次暂停和 5 人次换人，所换队员不受位置限制。

（7）队员触网不是犯规（老年人比赛规定触网就是犯规），但干扰比赛的情况除外。队员干扰比赛有下列情况：

① 击球时触及网上沿 5 厘米处的白帆布带网。
② 触及球网以上 80 厘米处的标志杆。
③ 借助球网的支撑击球。
④ 造成对本方有利的局面。
⑤ 妨碍或干扰对方击球。

(8) 队员击球后在不影响比赛的情况下可以触及网柱、网全长以外的网绳或其他物体，但不得干扰比赛。球被击入球网而造成球网触及队员，不算犯规。

第二节 | 气排球裁判工作程序

比赛过程中，裁判员除履行规定的主要职责外，还要遵循有关的操作方法与工作程序。

一、第一裁判员的操作方法与工作程序

（1）开赛前。第一裁判员开赛前的工作是在规定时间内召集双方队长到记录台前进行挑选场区、发球权工作。

挑选场区、发球权分为两类：一类挑选发球或接发球；另一类挑选场区。先选者在这两类中任选一项，后选者再选剩下的一项。挑选工作完毕后，双方队长需在记分表上签字，裁判员将挑选结果通知记录员。

第一裁判员对场地、器材、设备进行检查，包括球的气压、网高、场地画线、运动员席、记录台、裁判椅等。

（2）赛中。准备开赛时，待第二裁判员将第一个球递给发球队员，发球队员准备好后裁判员开始鸣哨。第一裁判员要面向发球方，观察发球队员有无犯规行为。比赛进行中，裁判员要随时注视球、队员及其与网的关系。

（3）第一裁判员同其他裁判员的分工配合。在发球时，第一裁判员主要看发球方，第二裁判员看接球方。在网上扣、拦球时，第一裁判员主要看扣球方，第二裁判员看拦网方。第一裁判员要经常用眼光同第二裁判员、司线员、记录员

交流。要注意记录员、第二裁判员出示的提醒手势。

（4）赛后。第一裁判员主持退场式，并详细检查记分表，确认无误后，在其他裁判员签字后最后在记分表上签字。

二、第二裁判员的操作方法与工作程序

（1）赛前。协助第一裁判员进行有关检查与准备工作，并参加挑选场区、发球权工作。

（2）赛中。队员接发球时，第二裁判员要观察、判断场上队员是否存在位置错误犯规。在网上扣、拦球时，第二裁判员主要看拦网方从起跳到落地是否存在过中线、触网等犯规行为。第二裁判员的位置要根据球和队员的位置做前后、左右移动，以便对自己职权范围内的犯规做出准确判断。

（3）第二裁判员在暂停时的操作方法。当教练员或场上队长在死球时用相应手势提出暂停要求后，第二裁判员首先应鸣哨暂停，然后看表掌握停表时间，并且观察场上情况，双方有无其他犯规行为，同记录台进行联系，必要时要将暂停次数通知第一裁判员和教练员。暂停时间到，第二裁判员鸣哨恢复比赛。

（4）第二裁判员在换人时的操作方法。当教练员或场上队长在死球时用相应手势提出换人要求后，第二裁判员先鸣哨，然后到边线与进攻线交界处，面向记录台，先看记录员是否举单手以示合法替换，再让上、下场队员在换人区进行替换，待记录员举双手示意记录完毕后，第二裁判向第一裁判高举双手，以示可以恢复比赛。

（5）第二裁判员同其他裁判人员的分工配合。第一裁判员在比赛中不能轻易下台处理问题，只能通过第二裁判员处理问题。第二裁判员是枢纽，在第一裁判员、记录员、运动员之间起着上传下达的作用。第二裁判员应经常同第一裁判员交换目光，以示默契。第二裁判员对记录员工作起监督作用。

（6）赛后。第二裁判员在双方队长签字后在记分表上签字。

三、司线员的操作方法与工作程序

（1）司线员看线的操作方法：加强预判、抢好角度、看线等球、出旗果断。

（2）司线员站立姿势：两脚开立，身体自然，重心居中，手持旗自然下垂。

（3）司线员对犯规的判断：以相应的旗示向第一裁判员示意，但当第一裁判员未注意，比赛继续进行时，司线员收回旗示，不得坚持。

四、记录员工作方法要点

（1）比赛前记录表的填写。

① 在记分表上填写比赛名称、日期、地点及运动员姓名、号码等，请教练员、队长核对并签名，一经签名不得更改。

② 根据第一裁判员的通知，登记挑选结果，记录台左方队为 A 队，右方队为 B 队。在先发球队 S 上划 × 号，先接发球队 R 上划 × 号。

③ 根据教练员交来的上场位置表，登记上场队员位置轮次与号码，记录完毕，将位置表交给第二裁判员。

④ 临赛前要核对场上队员号码是否与记分表上位置轮次顺序相符。核对完毕，举双手向裁判员示意，核对有误，应立即通知第二裁判员进行处理。

（2）比赛开始后记录表的填写。

① 比赛开始后，登记该局开始时间。

② 对发球轮次和得分的记录方法：第一个发球，在先发球队的发球次序第一轮表格内的 1 数字上划线，表示该位置的队员发球；同时，在接发球队第一轮表格内画 × 号，表示该队接发球。发球队得分时在该队右侧累计分栏上画 / 号，若连续得分，则连续画 / 号。发球队失分后首先在对方（接发球队）的累计分栏上画 / 号，然后在对方（接发球队）下一发球轮次表格内的 1 数上面画 / 号，最后把发球队的当前分数记载在发球方的第一轮表格内。以后各轮次记录方法，以此类推。5 名队员轮转发球完毕，再从数字 2 这一个栏开始记录发球轮次。

③ 换人的记录方法：某队请求换人时，应将替补队员号码填写在被替补

员号码下方格内,并在方格内记下比分,将换人方比分写在前面,并在某队比分上画号以示该队掌握发球权。被替补队员再次上场时,依前述方法记录,最后在替补队员号码上画圆圈,以示该名替补队员本局不能再上场替换队员。

④ 暂停的记录方法:某队请求暂停时,在该队累计分数栏下方格内,记上暂停时比分,记录要求同换人记录方法。

⑤ 第三局记录方法:某队得8分时,应及时通知裁判员让运动员交换场区,并将记分表上左方队发球次序队员号码移到右方后半局的相应栏内。在原左边、右边的累计分下画一条横线,表示换场前双方所得分数。换到右边的队在已得分数下也画一条横线,换场后得分从此开始登记。发球轮次继续以此进行记录,左方队换人、暂停栏目的内容也要换到右方相应栏内。

⑥ 一局比赛结束后,应在两队最后比分上画一个圆圈,表示该队最后所得分数,并将累计分栏中多余的分数划掉。最后填写结束时间。

⑦ 延误比赛的判罚和不良行为的判罚记在左下方相应栏目内。因对方被判罚所得的分必须在累计分数上画一个圆圈。

(3) 比赛结束后记录表的填写。一场比赛后,在记分表下方栏目填写有关汇总的内容。最后按以下顺序取得签名:记录员、双方队长、第二裁判员、第一裁判员。

第三节 气排球裁判员的手势与旗示

一、裁判员手势图

(1) 允许发球:挥动发球队一侧手臂。

(2) 发球队得分:平举发球队一侧手臂。

(3) 交换场地:两臂在体前、体后绕体旋转。

(4) 暂停:一只手臂屈肘抬起,另一只手手掌放在该手指尖上,然后指明提出请求的队。

（5）换人：两臂屈肘在胸前绕环。

步骤（1）~（5）如图8-4所示。

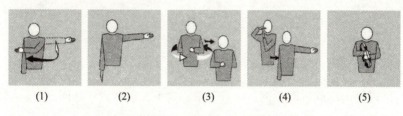

图8-4 步骤（1）~（5）

（6）一局或全场比赛结束：两臂在胸前交叉。

（7）发球时球未抛起：慢慢举起一只手臂，掌心向上。

（8）发球掩护或拦网犯规：两臂上举，掌心向前。

（9）发球延误：举起八个手指并分开。

（10）界内球：手臂和手斜指向地面。

步骤（6）~（10）如图8-5所示。

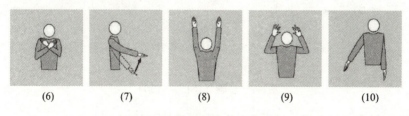

图8-5 步骤（6）~（10）

（11）位置错误或轮转错误：一只手食指在体前绕环。

（12）界外球：两臂屈肘上举，手掌向后摆动。

（13）持球：屈肘慢举前臂，掌心向上。

（14）四次击球：举起四个手指并分开。

（15）连击：举起两个手指并分开。

步骤（11）~（15）如图8-6所示。

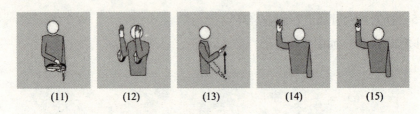

图 8-6 步骤（11）~（15）

（16）过网击球或过网拦网：一只手掌心向下，前臂置于球网上空。

（17）发球未过网和队员触网：一只手触碰犯规队一侧球网。

（18）进入对方场区或球从网下通过：手指指向中线。

（19）队员进攻性击球犯规或前场区击球犯规：向上举起一只手臂，前臂向下摆动。

（20）双方犯规或重新发球：两臂屈肘，竖起拇指。

步骤（16）~（20）如图 8-7 所示。

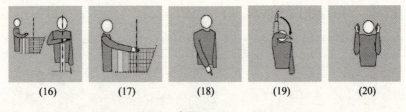

图 8-7 步骤（16）~（20）

（21）触手出界：用一只手手掌摩擦另一只手屈肘上举的指尖。

（22）轻微不良行为的警告：一手持黄牌。

（23）粗鲁行为：一只手持红牌，判对方得一分并发球。

（24）冒犯行为：一只手持红牌和黄牌，取消该局比赛资格。

（25）侵犯行为：双手分持红、黄牌，取消该场比赛资格。

（26）延误警告和判罚：两臂屈肘举起，用黄牌指手腕（警告）或用红牌指手腕（判罚）。

步骤（21）~（26）如图 8-8 所示。

第八章 气排球竞赛规则与裁判工作

(21)　　　(22)　　　(23)　　　(24)　　　(25)　　　(26)

图8-8　步骤（21）~（26）

二、司线员旗示图

（1）界内球：向下示旗。

（2）触手出界：一只手举旗，另一只手放置在旗顶上。

（3）界外球：向上示旗。

（4）球触标志杆或队员发球时犯规：一只手举旗晃动，另一只手指标志杆或端线。

（5）无法判断：双手胸前交叉。

步骤（1）~（5）如图8-9所示。

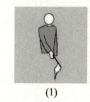

(1)　　　　(2)　　　　(3)　　　　(4)　　　　(5)

图8-9　步骤（1）~（5）

第四节　如何快速成为气排球裁判员

近年来，随着气排球运动的深入普及，越来越多的室内排球裁判员加入气排球裁判员的行列中。他们的加入，为气排球运动的发展，带来了巨大的活力。由于这些裁判员大都是经过短暂的突击培训，对于气排球规则缺乏深刻的了解，头脑中室内排球竞赛规则的烙印牢固，不能在气排球比赛中及时发现犯规现象（尤其是掌握不好网前及网上的判罚），容易造成错判及漏判。这在某种程度上影响了气排球运动的正常发展。为了使这部分裁判员尽快熟悉气排球竞赛规则，更好地发挥裁判员作用，为气排球运动做出更大的贡献，国家推出了气排球竞赛规则（2017—2020 版），下面做详细介绍。

一、场地器材

场地大小为 6×12 米，进攻限制线宽为 2 米。

球的质量为 120~140 克，球的周长为 72~78 厘米。

网高为 2.10 米（男）、1.90（女）；网宽为 0.8 米；网孔大小为 8×8 厘米；网长为 7 米。

二、执裁比赛要点

自由人：无。

换人：5 人制可进行 5 人次换人；4 人制可进行 4 人次换人；不需对位。

位置：五人制，4、3、2 为前排队员，5、1 为后排队员，1、2 为同列队员，3 没有同列的队员，所以 3 不存在前后越位的问题。四人制，2、3 为前排队员，4、1 为后排队员。

同排队员存在左、右越位关系，只有同列的前后排队员存在前后越位关系。

得分轮转：不管是对方发球，还是本方发球，只要本方得 1 分，就要顺时针轮转一次（包括对方由于不良行为被判罚而本方得分）。

连击：在第一、二、三次击球时，允许身体的不同部位在同一个动作中连续触球。

触网：队员在任何情况下（由于对方球入球网，球网触及本方队员的身体除外）都不可触及全网长的球网，但可以触及网绳和网柱。

网下穿越：队员在不干扰对方比赛的情况下，可以从网下穿越，进入对方空间和无障碍区。队员除脚以外，身体的任何部分触及对方场区即为犯规。

球通过球网：球的整体从非过网区进入对方无障碍区时，即为界外球犯规。

同时，规则还规定了队员在不干扰对方比赛的情况下，可以穿越进入对方的无障碍区，但不得击球。

进攻性击球的限制：接发球方不能在全场区将对方的发球以高于球网上沿的高度完成进攻性击球。

发球的限制：设有1米跳发球限制线。

一旦被抛起的球落到地面，并未触及队员身体，可以将球重新拾起再次发球，只要在8秒之内发出即可。

两米进攻限制线：对全场队员有限制作用。体现为队员只要踏及了此线（或在此线内），在向对方完成进攻性击球时，必须满足球的飞行轨迹高于触球点，有明显向上的弧度通过球网。

比赛的间断：一次或数次间断的时间累计不超过2小时。

局间休息：第一局与第二局局间休息为2分钟，决胜局前为3分钟。

除了上面列举的情况以外，《气排球竞赛规则》在其他的条款方面，则完全等同于排球。如拦网、四次击球、延误比赛、不良行为的判罚及裁判员的职责与法定的手势等。

但在这里，还是要将"拦网"的问题重申一下。

两个规则对"拦网"的描述，从定义到内容，几乎完全一样。但在执行的层面上，还是有非常大的差别的。这种差别体现在对于对方处理过网的、力量相对较小的进攻性击球的处理方式上，对于对方大力的重扣，两个规则在执行层面上是没有任何差异的。

排球比赛中，由于没有对前排队员在进攻线内向对方完成进攻性击球的限制，所以防守（拦网）一方的队员，可以自由地、完全不受任何限制地将自己的防守（拦网）行为瞬间转化为进攻（击球）行为。

气排球比赛中，由于有对队员在进攻线内向对方完成进攻性击球的限制，所以防守（拦网）一方的队员在将自己的防守（拦网）行为转化为进攻（击球）行为时就必须有条件地实施这个转换。而这个条件就是《气排球竞赛规则》中的这条条款，内容是：队员可以在进攻线前（前场区）完成进攻性击球，但球的飞行轨迹必须高于击球点，有明显向上的弧度过网进入对方场区。由于受到这条规则的限制，防守（拦网）方的队员在将自己的防守（拦网）行为瞬间转化为进攻（击球）行为时，他的行为正确与否就要按照《气排球竞赛规则》中的这条条款来判断。

综上所述，在拦网的犯规中是没有拦网压腕这一说法的，只能按照进攻性击球犯规来判罚。

由于在排球比赛中，不存在这种防守与进攻之间转换的限制情况，所以大多数刚刚开始执裁气排球比赛的裁判员，是注意不到这个微妙的环节的，从而造成了很多的错判及漏判。

排球裁判员只要记住了本表列出的不同之处，并注意到排球与气排球在拦网环节上的不同，就一定会在短期内成功地成为一名优秀的气排球裁判员。

第五节 六人制气排球竞赛规则

一、场地和器材

（一）场地

1. 比赛场地

气排球比赛场地为对称的长方形，包括比赛场区和无障碍区。比赛场区为长15米、宽7.50米的长方形，其四周至少有2.50米宽的无障碍区。比赛场区上空的无障碍空间离地面至少高7米，其间不得有任何障碍物。比赛场地的地面必须平坦、水平、划一。场地的地面不得有任何可能伤害队员的隐患。

2. 场地上的画线

场地上所有的界线宽5厘米，边线和端线都包括在比赛场区的面积之内。中线在网下连接两条边线的中点，将比赛场区分为长7.50米、宽7.50米的两个相等场区。每个场区各画一条距离中线2.50米的进攻线，标出前场区。进攻线与端线之间为后场区。前场区被认为是向边线外延长的，直至无障碍区的边沿。

3. 发球区

发球区在端线后，宽 7.50 米，端线后两条边线的延长线处各画一条垂直并距离端线 20 厘米的短线，两条短线之间的区域为发球区。

4. 换人区

两条进攻线的延长线之间、记录台一侧边线外的范围为换人区。

（二）球网和球体

1. 球网

球网架设在中线上空，球网为深色，长 8.50~9.50 米（每边标志带外 25~50 厘米），宽 1 米，网眼直径 10 厘米。男子网高 2.10~2.20 米，女子网高 1.90~2.00 米，男、女混合网高 2.10 米。

2. 球体

球体是圆形的，由柔软的塑胶制成；球为黄色或彩色；球的圆周为 72~76 厘米；球的质量为 125~150 克。

二、比赛参加者

1. 参赛队伍

（1）一个队最多有 12 名队员、1 名教练员、1 名领队。

（2）只有登记在记分表上的队员才可以进入场地和参加比赛。教练员在记分表上签字后，不得更换队员名单。

（3）在比赛中只有队里的成员才允许坐在球队席上。除两局比赛之间外，队员只能在准备活动区、无障碍区进行无球的准备活动。

（4）参赛者应根据自身健康状况决定是否参加比赛。比赛中发生伤病及意外情况时，由参赛者个人负责。

2. 队员服装

（1）全队队员的服装要求统一、整洁。比赛服装上衣前后必须有号码，号码数字在 1 号至 18 号范围内。身前号码至少高 15 厘米，身后号码至少高 20 厘米，号码笔画宽度至少 2 厘米。队长上衣应有一条与上衣颜色不同的长 8 厘米、

宽 2 厘米的带状标志。

（2）队员禁止佩戴可能对运动员造成伤害及有助于加力的器具。队员可以佩戴眼镜比赛，但风险自负。

3. 教练员

（1）教练员应自始至终在比赛场区外进行指挥，坐在靠近记录员一端的球队席上。

（2）比赛前教练员应检查记分表上本队各项资料并签字确认。每局开始前填写位置表，签字后交给第二裁判员或记录员。

（3）比赛中教练员可以请求暂停或换人，进行场外指导。

三、比赛方法

1. 比赛的组织

（1）第一局和第三局（决胜局）比赛前，由第一裁判员召集双方队长抽签，决定发球权、接发球权或场区。第一局比赛开始前有 5 分钟的准备活动。第一局结束后双方交换场区。

（2）第一局与第二局之间休息 3 分钟，第二局与第三局之间休息 5 分钟。局间休息用于交换场区和在记分表上登记球队上场阵容。局间休息时队员必须离开场区接受教练员的指导。

（3）决胜局某队先得 8 分时，双方交换场区，不得进行指导和休息。交换场区后原场上队员位置不变。如果没能及时交换场区，则应在发现错误时立即交换，保留交换场区时两队已得比分。

（4）每个队在场上必须始终保持 6 名队员进行比赛。

2. 暂停

（1）请求暂停必须在比赛成死球后、裁判员鸣哨允许发球前，并使用相应的手势。只有教练员可以向裁判员请求暂停，裁判员鸣哨准予暂停。每局比赛中，每队可请求两次暂停，每次暂停时间为 1 分钟。暂停结束后裁判员应鸣哨示意，比赛继续进行。

(2) 某队请求第三次暂停，裁判员应予拒绝并提出警告。如同一局中该队再次请求暂停，裁判员应判该队"延误犯规"、失1分并由对方发球。

(3) 在所有的暂停时，比赛队员必须离开比赛场区到球队席附近的无障碍区。

3. 换人

(1) 每局比赛每队允许6人次换人（一下一上为1人次）。换人时不得进行指导。

(2) 每局首发阵容中的队员，在同一局中可以退出比赛和再上场1次，而且只能回到原阵容的位置。

(3) 每局比赛中每位替补队员只能上场比赛1次，替换首发阵容的队员，而且其只能由被替换下场的队员来替换。

(4) 裁判员准许换人时，上场队员应已做好准备并必须在换人区内进行替换。多人次替换时必须在换人区一对一相继进行。对于替换队员未做好准备的换人请求，应予拒绝并提出警告；如同一局中再次发生类似情况，裁判员应判该队"延误犯规"，失1分并由对方发球。由场上队长提出的替换除外。

(5) 特殊换人、由外因造成的比赛中断及突发性伤病出现时的处理，可参照室内六人制排球规则要求。

备注：基层比赛可以采用每局比赛每队允许6人次换人，但不采用一对一固定位置换人法，允许任意位置自由换人。

四、比赛行为

1. 比赛的状态

(1) 经第一裁判员允许，发球队员击球为进入比赛，裁判员鸣哨即为比赛的中止。如果裁判员是因出现犯规而鸣哨，则比赛的中止是由犯规一刻开始的。

(2) 界内球：球触及比赛场区的地面包括界线为界内球。

(3) 界外球：球接触地面的部分完全在界线以外；球触及场外人（物）体、天花板；球触及标志杆、网绳、网柱或球网标志带以外部分；球的整体或部分从

过网区以外过网;球的整体从网下空间穿过。

2. 击球

(1)比赛队必须在其本场区及空间内击球,但允许队员越出无障碍区救球。比赛中队员与球的任何触及都视为击球。

(2)球可以触及身体的任何部位,球可以向任何方向弹出。在第一次击球时,允许身体不同部位在一个动作中连续触球。

(3)每队最多击球3次(拦网除外),将球击回对方场区。如果超过3次,则判为"四次击球"犯规。

(4)一名队员连续击(触)球两次,则判"连击"犯规。

(5)击球动作必须清晰(包括扣球、吊球、传球、垫球、顶球、挑球和捧球),球不能被接住、抛出、携带或停在手上加力,否则判"持球"犯规。

3. 发球、进攻性击球、拦网

具体可参照五人制气排球规则要求。

五、裁判工作

参见第八章第二节"气排球裁判工作程序"。

第九章 气排球队组建、管理与比赛指导

第一节 气排球队的组建与管理

一、组建气排球队的目的与任务（以组建学校气排球队为例）

(一) 主要目的

学校组建气排球队是促进校园气排球普及与提高的重要举措，有利于学校气排球运动的全面开展，丰富学生的体育文化生活。

(二) 任务

(1) 促进学生身体正常发育和各项技能的发展，提高学生的体能素质，愉悦身心。

2. 选择兴趣高、运动能力较强的队员，组织科学有效的训练，能使队员们具备基本的气排球技战术水平和一定的体能基础，并能在比赛中运用和体现。

3. 推动气排球运动在各基层单位的推广普及，培养骨干力量，促进气排球运动的全面发展。

二、气排球队的组建办法

(一) 拟定组队规划

拟定组队规划要依据建队思想，遵循气排球运动的规律展开。在规划中，要密切关注气排球运动的发展动态，充分考虑竞赛对手的情况，初步框架的构建要有针对性，做到"心中有数，手中有度"。

（二）规定选拔条件

选拔条件除了年龄、身体形态与体能基础等要求外，还要考虑思想意志品质、对该项运动的喜爱程度、相关技术基础等因素。具体要求有：

（1）身材匀称、协调，不能过瘦或过重。主攻、接应二传应为身材高挑、肩宽的力量型选手，副攻手为瘦高型选手。二传身材应匀称、协调，体型呈肩宽、腰细的倒三角形。

（2）有顽强的意志品质和吃苦耐劳的精神，善于动脑，有高度的责任心。

（3）喜爱气排球运动，有一定的运动基础和运动能力。

（4）有较多的训练和参赛时间保障。

（三）组队步骤

组队工作的首要环节是选材，其次是成立气排球球队、选举队长、聘任领队和教练、制定规章制度等工作。具体步骤为：

1. 初选阶段

初选阶段是以最基本的条件，较广泛地挑选应选者的过程。即在个人报名或推荐的基础上，通过目测剔除诸如高度近视、体质较差、身材不好且弹跳不好等基本条件不符合的对象。

2. 复选阶段

复选阶段是通过一定的方试，在经过预测、分析、测试一系列过程的基础上，进一步选材的过程。对于学校运动队而言，复选的关键是预测，分析要科学、准确、全面，要有长远的眼光。

3. 试训筛选阶段

试训筛选阶段是通过短期试训，对稍多于规定组成人数的应选对象再进行筛选的过程。试训期间，球队一般由10~13名队员组成，在选拔队员时，要考虑到本队的阵容配备，还要考虑到各年龄段的球员比例，使球队前后衔接，避免后备力量的不足。

试训期间主要观察试训队员的运动能力、从事专项的潜力以及身体素质提高的幅度等情况。如果是学校运动队，还可以通过班主任的介绍，了解队员的品

第九章 气排球队组建、管理与比赛指导

行、学习情况、兴趣爱好、个人习惯等信息；通过家访和与队员的交流，了解队员的身体健康状况以及父母运动史、家族遗传等情况。

4. 正式组队阶段

选拔工作结束后，要核定队员名单，并报主管部门审批并公布。在名单确定并公布后，应立即召开全体队员会议，宣布球队的成立与教练、领队的组成，明确建队目的、任务与训练要求，讨论并制定队规、选举队长等。队长一般应由思想作风和技术水平都较好的队员担任。

三、气排球队的管理

（一）气排球队管理的目的与任务

气排球队管理的目的是为了使球队在良好的氛围和有序的环境中展开训练与比赛，促进球员的全面发展，在身体、心理、思想素质等方面得到提高，从而实现体育运动的健身、健心和育人的目标。

气排球队管理的任务是根据气排球运动发展的需要，科学地组织训练工作，提高训练效果，正确处理训练与其他任务（工作、学习等）之间发生的各种矛盾和冲突，充分发挥教练员和队员的积极性，保证球队各项工作的落实和执行。尤其是学校运动队，更要建立和健全各项规章制度，用制度来管理和约束队员。

（二）气排球队管理的内容和办法

1. 思想素质教育管理

（1）训练、比赛作风教育。

气排球队要想获得好的成绩，必须要进行艰苦、扎实的训练。训练来不得半点马虎，尤其是基本技术训练，虽然相对枯燥、单调，却是打好球的基础。所以在建队的时候，就要明确训练纪律，每一个队员在训练时都必须兢兢业业，不怕困难，有大局观，把训练当作比赛一样，做到每球必争，才能在比赛中发挥出最佳的状态。

气排球比赛时，队员要有强烈的团队意识和大局观念，不畏强手，勇于拼搏，斗志昂扬。教练员应及时总结经验和教训，多表扬，多鼓励，以提高队员的自信心、责任感和荣誉感。但对于经常违规的队员必须严格管理，并给予一定的惩罚，做好他们的思想教育工作，这对其一生都将产生积极的影响。

（2）体育道德意识教育。

培养运动员良好的体育道德意识，规范其体育行为，使他们养成尊重比赛、尊重对手、遵守规章的习惯。比如当比赛结束时，与对手拍手致意，不要因输球而甩手而去；当裁判出现误判或漏判时，能按照规则要求由队长出面与裁判进行沟通，而不是直接和裁判争吵甚至谩骂。

（3）团队精神的教育。

气排球是一个集体项目，除了比拼技术外，很重要的一条就是团结与和谐。集体的力量、球员之间的融洽关系和强大的内聚力是一个重要的方面。所以，教练员在平时的训练中要注意观察，细致了解队员的思想动向，发现有不团结、不和谐的因素和苗头，要及时做好工作，防止这种不良因素的蔓延。要多关心队员的生活和思想，提高球队的团队合作精神。

2. 训练工作管理

训练工作管理主要是指对气排球训练计划与执行的控制，包括对训练计划的制订和实施过程的管理两部分。

（1）计划管理。

气排球训练计划管理是教练员根据本队的实际情况、主管部门的要求以及所要完成的任务，科学制订切实可行的计划和有效实施的过程。

全年或阶段训练计划：教练员要根据本队的实际情况，制订详细的阶段或全年训练计划，提出具体的任务和要求，确定训练的内容和训练的重点以及各项素质、技术动作、战术配合所需的时间及训练的比例，使全年训练内容在严密的计划指导下得到全面落实。

一般训练计划：包括计划说明、本队基本情况分析（包含队员情况和全队现状）、比赛对象情况、对全队的要求、建队思想、时期划分和运动量安排、训练重点、各准备时期的重点和要求、完成计划的主要措施九个方面，还可将队伍的管理公约一并附在后面。

(2) 过程管理。

气排球训练实施过程的管理是以训练计划为依据，对训练实施过程不断进行检查、反馈、修正的推进过程。通过各种完善的检验手段与科学的控制方法，可及时了解训练效果，同时也可对计划中不切实际的部分进行修改。要不断发现和总结训练工作中出现的问题，科学、合理地安排训练时间，探讨新的训练方法、手段，安排合适的训练内容；要根据队员的生理、心理特点，有计划、循序渐进地提高运动负荷。

(3) 组织管理。

气排球运动训练工作的组织管理含义和范围相当广泛，这里指以稳定训练秩序、提高训练水平为保证的组织措施管理。

四、气排球竞赛组织与管理

（一）竞赛组织部门的管理

主要管理内容是对比赛时间、地点、规模的确定，对竞赛组织机构的成立及策划，在竞赛中协调各部门的工作，对大型比赛开、闭幕式的设计与操作，对赛场的管理（观众、场地、器材、广告等）。

（二）竞赛业务部门的管理

1. 赛前组织与管理

（1）确定比赛的组织方案。

（2）审定比赛的工作计划。

（3）确定比赛的组织机构。

（4）开好赛前两个重要会议。

① 全体组织委员会、各部门负责人、各队负责人的联席会议，一般由办公组主持。

② 裁判长、教练员联席会议，一般由竞赛组主持。

2. 比赛中的管理

（1）开、闭幕式的一般步骤与内容。

（2）对场馆、设施、场地的布置与管理。

（3）比赛中对竞赛过程的组织与控制。

成功的管理者应当做好以下几点：

① 注意获取比赛中的各种反馈信息，控制比赛过程。

② 注意协调各部门之间的工作。

③ 能较好地处理各部门的分工职能与关系。

④ 能较好地处理各运动队之间的关系。

⑤ 对突发情况有应变处理能力。

第二节 | 教练员比赛指导

气排球教练员临场指导工作，是一项在教练员主导作用下，启发、引导队员根据双方技战术、体能、心理、智能、经验等状况和比赛环境条件，按照气排球竞赛规程、比赛规律与要求以及本队目标，确定比赛方案，把握实施过程，提高比赛水平的活动过程。

比赛指导的目的在于能临场适时、有效地组织和指挥本队，抢占先机并抑制对方，不失时机地发挥本队应有水平，取得比赛的胜利。

临场指导是比赛指导工作的重要环节，组织合理，指挥得当，往往在双方势均力敌的对抗中起着决定胜负的作用。在比赛指导时，教练员不单单在技术上指导队员，更多的是调整队员心态，在心理层面上指导队员如何战胜自我，实现技战术和精神面貌的合理融合，最大限度地把所学技术运用于实战。

一、组织准备活动

安排队员提前进入比赛场地，适应比赛场馆环境和观众气氛；指导队员做好适量的准备活动，使队员一上场便表现出良好的竞技状态。

二、临场指导

临场指导要做好以下几项工作：

（1）把握良好开局。

（2）保持全场主动。

（3）稳定全队心理。

（4）掌握比分变化。

（5）及时暂停和换人。

（6）注意临场统计。

三、合理使用暂停

1. 暂停的指导

教练员应重点观察本方比赛方案执行得是否顺利，对方的打法比预计的有无大的改变。暂停时，若比分领先，不宜做过多的指导，只需指出要注意的问题即可；若比分落后，则应指出主要问题和布置具体的方案。暂停指导要简洁、直接、清晰。

2. 暂停的运用

除技术暂停外，每局比赛中，每队最多请求两次暂停，每次30秒。有以下情况应考虑要求暂停：

（1）场上队员士气低落，情绪急躁。

（2）技术上连续失误，战术配合失调。

（3）分数落后时。

（4）需要改变本队战术打法，提出新的任务时。

（5）双方相持不下或关键时刻，要采取新的措施时。

（6）体力不好，需要稍加休息时。

除考虑到以上各种情况外，还要考虑到对方的情况和当时的比分情况等，然后做出请求暂停的决定。

四、布置局间工作

（1）总结上一局的经验、教训，发扬优点，做好思想工作，要求全队团结一致，互相鼓励，发扬拼搏精神。

（2）提出下一局的主要对策，确定阵容和调换后的轮次。

五、做好决胜局动员

（1）总结前两局的优缺点，提出决胜局的比赛方案，宣布上场阵容。

（2）互相鼓励，加强团结，增强信心，特殊情况下，教练员还可以与主要队员个别交谈。

六、合理使用换人

换人是根据比赛中临场的情况，为充分发挥每个队员的特长，合理地使用队员，正确地组织好力量而采取的措施。有时也可通过换人来进行临场指挥。但换人应经过慎重考虑，一旦认为需要，换人就要果断。对准备上场的队员应交代任务，并让其做好准备活动。

1. 主动换人

主动换人有以下几种情况：

（1）为了发挥特长或弥补弱点。如前排换上扣球、拦网技术好的队员，后排换上发球、接发球、防守好的队员。

（2）培养新队员或锻炼刚组成的新阵容。

（3）希望出其不意、主动改变战术时，可以换上不同特点的队员。

（4）需要保持队员体力，利用换人战术轮流休息。

2. 被动换人

被动换人有以下几种情况：

（1）某个队员场上作风表现不好时。

（2）比赛失常，队员头脑不够冷静，一时无法扭转时。

（3）技术连连失误，战术配合不好时。

（4）特点不能发挥，弱点充分暴露时。

（5）原定方案不合适，须换人改变战术时。

（6）队员出现伤病或体力不支，需要换下场时。

（7）队员被罚下场时。

第十章 气排球运动常见问题与经典案例

第一节 | 气排球运动常见问题50例

1. 裁判员如何丈量球网的高度？

答：球网的高度丈量，首先从场地中间开始丈量，其高度必须与规则规定的高度相符，然后丈量球网的两端（边线上空），两端的高度必须相等，不得超过规定网高2厘米。

2. 气排球比赛的参赛者指的是哪些人？

答：一个队最多有10名队员、1名教练员、1名助理教练员，教练员可以兼运动员。（老年组一个队最多有8名队员、1名教练员、1名助理教练员）

3. 队员的服装有哪些规定？

答：气排球比赛中，队员的服装必须统一、整洁，颜色相同。它包括上衣、短裤、运动鞋和袜子。

队员必须穿不带后跟的柔软轻便的胶底或皮底运动鞋。基层比赛可穿普通胶鞋或解放鞋。

队员上衣必须有号码，号码的颜色与亮度必须与上衣明显不同，这是新规则所要求的。号码笔画宽2厘米。禁止穿没有号码或不同颜色、式样的服装，禁止佩戴首饰、别针、项链等，队长的上衣胸前的号码下应有一条与上衣颜色不同的长8厘米、宽2厘米的队长标志。

4. 气排球比赛的参赛者有哪些基本责任？

答：气排球比赛的参赛者有以下基本责任：
（1）必须了解并遵守规则。
（2）必须以良好的体育道德作风服从裁判员的判定，不允许争辩。
（3）参加者的行动必须符合公平竞赛的精神。
（4）必须尊重裁判员和对方队员，而且有礼貌。
（5）不得以任何行为影响裁判员的判断或掩盖本队的犯规，如发球时击掌或喊叫等。
（6）不得以任何行动有意延误比赛。
（7）教练员和队长应对全体队员的行为和纪律负责。
（8）比赛中允许参赛者之间讲话，但不得干扰比赛。

5. 气排球比赛教练员有哪些责任？

答：（1）比赛前，教练员必须在记录表上登记和检查队员姓名、号码并签字。
（2）每局比赛开始前，必须填好位置表，签字后交给记录员或第二裁判员。
（3）教练员可以指导本队队员在比赛场上做赛前的准备活动。
（4）比赛中，教练员必须坐在靠近记录员一端的运动员的长凳上。
（5）比赛中，教练员与球队的其他成员一样可以对场上队员进行指导，但不得进入场区。

6. 气排球队队长有哪些权利和责任？

答：（1）队长在比赛开始前要在记录表上签字，并代表本队挑选场区或发球权。

(2) 队长在场上时担任场上队长，场上队长在死球时可以和裁判员讲话。

(3) 场上队长可以向裁判请求更换服装和器材。

(4) 比赛间断时，场上队长可以向裁判员提出或转达本队队员提出的正当问题和请求。

(5) 场上队长是唯一被准许对规则和执行规则提请解释的人。如果他对解释不满意，必须立即向裁判员提出声明，保留其在比赛结束时将此不同的意见作为抗议记在并记录表上的权力。

(6) 只有场上队长可以允许请求检查球网、地面、球和核对对方场上队员的位置等。

(7) 场上队长有权请求比赛的正常间断。

(8) 在比赛结束时，场上队长要感谢裁判员，并在记录表上签字承认比赛结果。如他曾向第一裁判员提出过声明，可以进一步确认（作为抗议）并记录在记录表上。

7. 运动员可以戴眼镜参加比赛吗？

答：运动员可以戴眼镜进行比赛，但所引起的一切后果自行负责。

8. 比赛中裁判员发现某队员戴着戒指，比赛应如何处理？

答：裁判员应在比赛成死球时，责成该队员将戒指取下。

9. 正式比赛中双方队员服装颜色相同，如何处理？

答：规则不允许双方着相同颜色的服装比赛，如到场时双方的服装颜色相同，则主队必须更换服装；如果在第三方场地进行比赛，则先登记在记录表上的队必须更换服装。

10. 教练员在填写位置表时应注意什么？

答：教练员必须填写队名、运动员号码、第几局，书写要规范、清楚，最后教练员必须在位置表上签名。

11. 队长在做准备活动，为了争取时间由其他人代替其挑边行吗？

答：代表本队挑边是规则赋予队长的权利，不能由其他人代替。

12. 挑边时，裁判员发现队长上衣没有标志，怎么办？

答：裁判员应该责成该队长标上规定的标志。作为临时措施，他可以在上衣号码下贴上胶布，裁判员在组织入场前应注意检查该队长的标志。

13. 场上队长被替换下场时，由谁担任场上队长？

答：场上队长被替换下场后，教练员或队长应指定一名场上队员代理场上队长，并将该情况报告裁判员。当队长再次上场时，他仍然担任场上队长。

14. 队员击球时，发现球的气压不足，是否可以请裁判员重新测量一下？

答：不可以，队员没有这样的权利。当队员发现球或其他比赛器材有问题时，他应该向场上队长报告，由队长请求裁判员对球或其他器材重新进行检查。

15. 队员在比赛中是否可以和裁判员说话或提出请求？

答：比赛中不允许队员和裁判员说话，如有问题，只能通过场上队长向裁判员提出，并由队长转达裁判员的答复。

16. 未登记在记录表上的队员是否可以参加比赛？

答：所有参赛的队员都必须预先登记，未登记的队员不能参加比赛。

17. 气排球比赛的进行从何时开始？

答：裁判员鸣哨允许发球，发球队员击球时，比赛开始。

18. 比赛的中断从何时算起？

答：裁判员鸣哨，则中止比赛。但如果裁判员是由于比赛中出现犯规而鸣哨的，则比赛的中断由犯规的一刻开始。

19. 什么是界内球？

答：球接触比赛场区的地面，包括界线，为界内球。

20. 什么是界外球？

答：下列情况为界外球：
(1) 球触及地面的整个部分落在界线以外。
(2) 球触及场外物体、天花板或非比赛成员等。
(3) 球触及标志杆、网绳、网柱或球网标志杆以外部分。
(4) 球的整体或部分从非过网区完全越过球网的垂直面。

21. 什么是比赛中的犯规？

答：比赛中任何违反规则的行动都被认为是犯规。如触网、过中线、四次击球等。

22. 裁判员如何对犯规进行判罚？

答：比赛行为的犯规判罚失一球。如果两个或更多的犯规先后发生，则只判罚第一个犯规。如果双方队员同时犯规，则判"双方犯规"，该球重新进行。

23. 规则对比赛中的击球有什么规定？

答：比赛中每队最多击球三次（拦网除外），将球从球网上击回对方，无论是主动击球还是被球触及，均作为该队击球一次。每位队员不得连续击球两次（拦网除外）。

24. 当几名队员同时触球时，怎样计算击球次数？

答：当同队的两名（或三名）队员同时触球时，被计为两次（或三次）击球（拦网除外）。如果只有其中一名队员触球，则只计为一次击球。

25. 队员同时触球后，其结果如何判定？

答：两名不同队的队员在网上同时触球，则比赛继续进行，获得球的一方仍可击球三次。如果球落在某方场区外，则判为对方击球出界。如果双方队员同时触球造成"持球"，则判"双方犯规"，该球重新进行。

26. 击球时有哪些情况属犯规？

答：击球时出现以下几种情况均为犯规：
（1）"四次击球"犯规。
（2）队员在比赛场地以内借助同伴或任何物体的支持，连续四次击球，即"借助击球"犯规。
（3）将球接住或抛出，即"持球"犯规。
（4）一名队员连续击球两次或球连续触及其身体的不同部位，即"连击"犯规。

27. 队员在比赛中触网如何处理？

答：队员在比赛中触网是犯规行为，但在非试图击球时，偶尔触网不算犯规。球网被大力击出的球触及后，由于球网的弹性作用，而造成球网触及队员或队员击球后触及网柱、全网长以外的网绳或其他任何物体，但不影响比赛，均不算犯规。

28. 什么是正确的发球？

答：后排队员在发球区用一只手或手臂将球击出而进入比赛，则为正确的

发球。

29. 发球时，裁判员如何掌握鸣哨的时机？

答：第一裁判员检查发球队员已站在发球区内握球在手，并且双方队员已做好比赛准备时，则鸣哨允许发球。

30. 发球时可以用脚踢球吗？

答：不行。虽然允许脚触球，但发球时只能用一只手或手臂击球。

31. 裁判员鸣哨之前，发球队员已将球发出怎么办？

答：该球无效，裁判员应鸣哨令其重新发球。

32. 发球时，某队员站在场外怎么办？

答：应判该队员犯规，发球击球时，双方队员应站在本场区的规定位置上。

33. 拦击对方发过来的球有什么规定？

答：在前场区对对方的发球在球的整体高于球网上沿时，不能进行进攻性击球。

34. 队员跳过广告牌或球队席将球击回算犯规吗？

答：不算犯规，规则没有限制到无障碍区以外击球。

35. 比赛中的间断有哪几种？

答：有"暂停"和"换人"两种。

36. 每局比赛中，每队可请求几次暂停？

答：每队最多可请求两次暂停。

第十章 气排球运动常见问题与经典案例

37. 如何判定发球的攻击性？

发球攻击性的强弱，取决于击球点的高低、击球力量的大小、球的飞行速度、弧线和性能等。就击球点来说，击球点越低，球出手时仰角就越大，球飞行的抛物线高，速度慢，因而攻击性小；随着击球点的升高，球飞行的抛物线降低，击球便于加力，球飞行的速度加快，攻击性随之加强。比如，跳发球，击球点高于网，初速度大，攻击性很强。

38. 如何接好发球？

（1）要有良好的心理素质。面对对手的发球，不要有畏惧心理。

（2）站位合理。队员之间的站位，既不能违反规则，又要相互照应，站位不能太近、太密。

（3）注意力要集中。不受旁边的任何干扰，也不要受上一球失误的影响。

（4）要提前判断球的落点。在球过网的一瞬间，就要移动位置和做好接球动作，一旦起动了，就要接球到底。

（5）接球动作要尽可能提前。不要等球快落地时再接，因为此时球的旋转和速度已经强了，而且运行轨迹更加不规则。

（6）要熟悉球性。接球时，是垫，还是捧，视个人习惯。气排球规则对持球的判罚很宽松，捧的动作是很实用的。

39. 二传手如何选位？

二传手在起动和移动的过程中，应边判断来球，边取好位置。一般要对下列三种情况进行适当处理：

（1）力争使身体插入球下，并转向出球方向，稳定重心，将球传出。

（2）身体已插入球下，如身体来不及转向出球方向时，应力争稳定重心去传球。

（3）既来不及使身体转向出球方向，又来不及稳定重心去传球，此时，应在跑动中传球，所以要特别强调出手稳。

40. 在对方拦网的情况下，如何进行有针对性的扣球？

（1）如果想超手扣球，你必须具备绝对实力，弹跳力要比对方好很多，扣球时才能无视对方拦网手臂。

（2）尽量让扣球线路躲开对方拦网位置，如打小斜线球、打直线球等，甚至从对方拦网的空隙中将球扣过去，这要求你扣球前和扣球时能分心观察对方动作，并且手包球要好，能控制球的方向、落点。

（3）造成对方打手出界。扣球时朝对方指尖扣，在球碰到对方指尖后直接让球出界；或打对方拦网球员手臂边，让球出边界。

（4）对方拦网如果不够贴网，而你击球点够高或击球点离网近，就往网顶高一点的地方扣，很容易造成拦网球员将球拦到自己场地内，甚至是自己和网中间。

（5）拉开强攻点与网的距离（甚至采取远网进攻），这样对方拦网者很难封死你的角度。同样地，你的扣球难度也适当增加或攻击威力适当降低。这种扣球要求二传进行调整和控制，严格来说，不是属于强攻队员控制范围内。

（6）有时候不一定要强攻，适当地吊球到对方防守薄弱的地方，效果也不错。

41. 如何调整过于紧张的情绪？

（1）将一场球、一个关键的回合、每一个球在概念上"化整为零"，或许能帮助队员克服过于紧张的情绪。队员可以认为这里的每一个球，就是一个独立的单元，前一个球与后一个球没有联系，每一次发出球后的竞争就是最后的决定性的争夺，如果队员形成这样的认识，就非常有利了。

（2）落后阶段的节奏策略：当比分落后时，比赛已经完全进入了对方的节奏，此时全队要保持心理和战术上高度的统一，采用各种谋略，尽量破坏对方打球的节奏，抓住战机，争取打出自己的高潮，力争逆胜。

第十章　气排球运动常见问题与经典案例

42. 在进行气排球锻炼的同时能否进行其他项目的锻炼？

答：可以。如果在进行气排球锻炼的同时想要进行其他项目的锻炼，建议选择运动负荷与气排球运动大致相当的运动项目。另外，在选择其他运动项目时，要注意选择的运动项目的技术动作是否会对原先掌握的气排球运动的技术动作造成干扰，尽量找没有干扰的运动项目，防止两个项目相互干扰，影响自己的锻炼心情和积极性。

43. 中老年人参与气排球运动有哪些好处？

答：中老年人坚持运动锻炼可以预防许多疾病，还能起到延缓衰老的作用。气排球是一项非常适合中老年人锻炼的运动项目，又因为它是集体运动项目，为中老年人在运动的同时提供了一个共同活动、共同娱乐的场所，有助于中老年人排遣孤独感，找回自信，提高生活质量，延缓生理与心理衰老。

44. 中老年人打气排球前要做热身活动吗？比赛后要放松吗？

答：必须要做。一方面，准备活动可以调动队员的兴奋性，让队员更好地训练；另一方面，准备活动可以减少运动损伤的出现。比赛后要放松，否则会出现肌肉酸痛，甚至抽筋等不良反应。

45. 在组织气排球锻炼时，开展形式可以多变吗？

答：气排球运动的参与形式可以根据参与人数来变化。在组织气排球锻炼时，可以根据参与人数确定队伍形式，四对四或五对五，男女混合。

46. 何时是气排球锻炼的最佳时间段？

答：参与气排球锻炼的最佳时间段为16—18时。在这个时间段中，身体吸收氧气量的最低点在17：00；心脏跳动和血压的调节在17：00—18：00之间最平衡；而身体嗅觉、触觉、视觉等也在16：00—17：00之间最敏感。此外，人体在16：00—17：00之间体内激素的活性也处于良好状态，身体适应能力和神经的敏感性也最好。

47. 参与气排球锻炼前需要注意什么？

答：运动前应注意热身。通过热身预先给身体各器官加热。可做些肢体的伸展活动，如踏步、放松肩部、转身、转腰、活动脚踝手腕等，时间控制在10分钟左右。运动前2小时不要进食，最好在运动前3小时吃一些牛肉或瘦猪肉，但不建议吃油腻膨化食品；在运动前不要喝大量的水，可小口饮用少量生理盐水；注意自己的鞋带长短。

48. 参与气排球锻炼后需要注意什么？

答：首先不能立即休息，剧烈运动时人的心跳会加快，肌肉、毛细血管扩张，血液流动加快，血液很快地流回心脏。此时如立即停下来休息，原先流进肌肉的大量血液就不能通过肌肉收缩流回心脏，造成血压降低，出现脑部暂时性缺血，会引起心慌气短、头晕眼花、面色苍白，甚至休克昏倒等症状。另外，也不能马上洗浴，剧烈运动后冷水浴会因突然刺激，使血管立即收缩，血液循环阻力加大，同时机体抵抗力降低，人就容易生病。最后，运动后不宜马上吸烟，运动后吸烟会影响机体运动后的恢复过程，人更易感到疲劳。

49. 参与气排球锻炼的频率应该如何选择？

答：各人可选择适合自己情况的锻炼次数，可每天参与气排球运动，关键是要使参与运动习惯性和运动生活化，但每周锻炼最低不少于2次。科学家们已经证实，肌肉一旦停止运动，退化的速度是惊人的。一个人3天不运动，他的肌肉最大力量会损失1/5。运动效果要靠不断运动来取得，而无法把它储存起来。实验表明，在运动后48~72小时，一个人必须使他的肌肉再次取得合乎需要的物理效果，否则就会前功尽弃。因此，必须每天坚持锻炼20分钟，才能保持锻炼效果。若因故中断，每周至少也要锻炼2次。

50. 参与气排球锻炼期间需要加强哪些方面的安全注意事项？

答：气排球虽然是同场隔网对抗项目，不像足球、篮球、手球等身体直接对抗的球类项目那样存在身体冲撞受伤的危险，但气排球运动的特点决定了参加气排球运动的练习者仍然存在劳损、挫伤、意外受伤的危险。

（1）加强预防运动损伤意识。对队员要进行宣传教育工作，使他们了解气排球运动的特点以及易发生损伤的部位和情境，从而在思想上对可能产生的损伤有所准备。

（2）加强身体全面训练，提高机体对运动的适应能力，是预防运动损伤的一种积极手段。特别要注意加强膝关节、肩关节、手指和手腕关节等相对薄弱部位的训练。

（3）运动时戴上护膝、护踝、护腕、护肘、指套等保护工具。

第二节 气排球裁判临场执哨经典案例 20 例

【案例1】 场上队长反复质疑裁判员的判定，第一裁判员应如何正当反应？

裁定：第一裁判员向场上队长指出其行为已经超出规则赋予的权利并按规则规定的程序进行警告后，如其还持续纠缠，要给予红牌判罚（判失分和对方发球）。

【案例2】 赛前，某队交来位置表（图 7-1），但实际上场出现了诸多错误（图 7-2），第二裁判员如何处理这种站位错误呢？

裁定：6 号队员未列在位置表上，应由 4 号队员上场，如教练员坚持 4 号不上，可以请求换人，裁判员应当允许，计换人一人次。同时，前、后排队员站错了位置，应按上交位置表位置进行纠正。

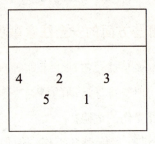
图 7-1 位置表 1

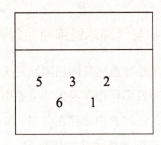
图 7-2 位置表 2

【案例 3】 A 队场上队长怀疑对方一名队员是否在前排,向第一裁判员提出要求核对。

裁定:对于偶尔发生的此类请求,第一裁判员可以让第二裁判员按位置表进行核对,然后告知对方位置是否正确,但不必回答队员前后排位置。

【案例 4】 场上队长看到司线员出示"触手出界"旗示,但裁判员没有看到。该队长能否请求裁判员询问司线员的旗示?

裁定:死球后,场上队长可以示意请求裁判员对裁决进行解释,第一裁判员必须同意其请求并给予解释。

【案例 5】 比赛中,第一裁判员对某队出现误判,其场上队长要求对这一判罚进行解释。但是第一裁判员认为,裁判员的判决是最终判决,不接受解释。裁判员这样做对吗?

裁定:第一裁判员是错误的。裁判员必须明确阐明裁定的理由。如场上队长不满意,可以根据规则提出抗议并记录下来,但不允许对裁判员判决进行争论。

【案例 6】 比赛中,某队教练员不同意第一裁判员的裁定,随后走近第二裁判员请求解释,第二裁判员两次解释均超过 10 秒钟。第二裁判员这样做对吗?

裁定:教练员没有这个权利,第二裁判员不需要进行解释,应拒绝对话并要求其回到原位。如他再次出现这样的行为,第二裁判员应立即通知第一裁判员给予"延误判罚",判该队失 1 分。

【案例 7】 比赛中,某队教练员在一球结束后站起来大声抱怨裁判员的裁定并要求裁判员重新考虑其判决。第一裁判员应如何回应?

第十章　气排球运动常见问题与经典案例

裁定：第一裁判员应通过场上队长对该教练员及其他成员的轻微的不良行为进行口头警告，如情况严重的，可根据规则给予黄牌警告，并记录在案。

【案例8】 某队队员兼教练员，当他不在场上时，他在教练员限制线外来回走动给他的球队做指导。裁判员没有制止他的行为，这样做对吗？

裁定：对的。规则没有规定他不可以担任教练员。这样的教练员可以允许有双重职能，不一定坐在球队席上。

【案例9】 球发出后触及了球网上沿帆布带以下部分，第一裁判员立即鸣哨，判该球发球犯规并停止比赛。第一裁判员应何时鸣哨？

裁定：发出的球必须由过网区通过，如果没有则视为犯规，裁判员应立即鸣哨，不必待球落地或其他队员触及。

【案例10】 老年组比赛中，甲队队员在后场区接球，当球明显带有弧度飞过网时，乙队队员在本方场区上方拦网将球拦在甲队场区，裁判员允许继续比赛。裁判员的做法对吗？

裁定：裁判员的做法是对的。规则规定，对对方进攻性击球，本方都可以在其上方拦网。

【案例11】 青年组比赛中，甲队队员在拦乙队队员拦过网的球（反拦网）时，球落在乙队场地，第一裁判员裁定甲队得1分，对吗？

裁定：正确。规则规定，发球与拦网不是进攻性击球，但规则明确规定不允许拦发球，而规则未规定不允许拦对方拦过的球。

【案例12】 中青年比赛中，某队队员在前场区跳起将整体高于球网上沿的球由上往下扣球时，球碰网弹起有弧度地落入对方场区。裁判员裁定进攻性击球犯规。裁判员的做法对吗？

裁定：裁判员的裁定是正确的。规则规定，球的整体通过球网垂直面（包括触及球网后再进入对方空间）或触及对方队员，则认为完成进攻性击球。

【案例13】 比赛中，一名队员救球冲到观众席，正当她要击球时，一名观众将球接住。该队教练员认为观众影响了比赛，要求该球重新进行，但遭到裁判员拒绝。裁判员的处理是否正确呢？

179

裁定：裁判员的处理正确。队员可以在本方无障碍区以外的观众席包括任何地点击球。但要注意，队员在场区内击球受保护，而在场区外不能保证不受干扰。

【案例14】　何为妨碍了对方的合法击球试图？

裁定：首先，造成对对方的伤害，自然会影响对方的比赛。其次，影响了对方正在进行的击球动作。最后，虽然对方没有击球，但是你的过中线行为阻挡或妨碍了对方去进行合法击球。譬如，挡住了对方去救球的路线，妨碍了对方的进攻配合，等等。

【案例15】　老年组比赛中，甲队队员在前场区进行没有弧度的进攻性击球，当球飞过网时轻微触及乙队拦网队员伸向甲方场区上方的手后，球落在乙方场区内。第一裁判员判甲队队员进攻性击球犯规。裁判员的裁定对吗？

裁定：不对。乙方拦网队员已构成过网拦网的事实，无论拦网后的效果如何，第一裁判员在球触及拦网队员手瞬间即应鸣哨判罚。即使同时击球，仍判拦网犯规。

【案例16】　比赛中，甲队队员在前场区上方与乙队拦网队员在前场区上方同时触及球网垂直上方的球，球进入甲方场区，裁判员没有鸣哨，比赛继续进行。裁判员的做法对吗？

裁定：对的。双方队员均可击网上沿本方上方一侧的球。如球进入某方场区都可再击3次；如球在某方出界应判对方击球失误；如同时击球触及标志杆，则判双方犯规。

【案例17】　中青年组比赛中，甲队已换4人次了，但该队5号队员已被错误地换上场进行比赛而得了分。裁判员发现后该如何进行处理？

裁定：甲队换人错误，给予"延误判罚"，判该队失1分。5号队员离开场区，被换下场的队员重新回到该位置。5号队员在场上时所得的分取消，对方的得分保留。判罚结果记录在记录表上，对甲队没有其他判罚。

【案例18】　比赛中，某队队员接发球时在场外把球抓住，并对第二裁判员说，我还没有进场。第一裁判员如何处理？

第十章　气排球运动常见问题与经典案例

裁定：第一裁判员鸣哨发球前，应观察双方队员是否在其位置上站好，如发现某队员还在场外（包括一只脚踏在场外其投影在线上），应令其进入场内，如拖延不进场，按"延误警告"处理。如再次出现按"延误判罚"失1分。上述情况如第一次出现，重发球，但须进行延误警告。

【案例19】　比赛间断期间，观众因对裁判员的判决抗议而跑进场区。此时，裁判员该怎样处理？

裁定：第一裁判员应暂停比赛，请大会组织者和管理人员采取措施，维持比赛秩序，使比赛恢复正常。中断情况记录在记分表上。第一裁判员必须控制类似的轻微不良行为的发生。

【案例20】　一球结束后，某队教练员站起来并挥舞双臂表示对裁判员的裁定不服。这种情况允许吗？

裁定：允许教练员有一定程度的正常反应。如果这种反应是轻微不良行为，裁判员应提出口头警告。如果再一次出现这种行为，第一裁判员给予黄牌警告并记录在案。

知识窗7：打气排球的八大好处

1. 改善体型及姿态，调节脾肾功能。

气排球运动的弹跳除了能锻炼腿部肌肉外，还能很好地锻炼臀部肌肉，可练就美臀，让"S"身材更突出。平衡能力不好的人也可以通过打气排球来改善自己的姿态。经常跑动和跳起，有助于增强脾的造血功能。打气排球有张有弛，运动不是特别剧烈，这样既锻炼了身体，同时又避免运动过量，适量的有氧运动能够补充肾阳，保持活力。

2. 缓解不良情绪，保护肝脏，释放压力，调节心情。

气排球中一些动作是特别痛快的：发球前，队员狠劲地向地上拍打气排球"砰砰作响"，扣球时的挥臂重扣，使得手指和手掌的神经末梢将剧烈的刺激迅速传到大脑，大脑立即兴奋起来，释放荷尔蒙，将脊椎、手臂、手腕的酸胀感释放出去。有报道称，连续重击20次，一般中度的压力（如头皮发紧状）就释放开了。这些简单的动作相当于500米自由泳或者篮球全场快速连续运球上篮10个来回的效果。

3. 减少发生肥胖的概率。

在运动中经常要有跳起扣球的动作，既锻炼了大腿、腰腹部的肌肉，又使腰部形态更健美，手臂也会出现完美曲线。由于要经常起跳，故锻炼者就会注意控制食量，否则就跳不起来了。

4. 增强肌肉力量，促进身体的灵活性和协调性发展。

气排球动作中的接球动作，和练拍打功有异曲同工之妙，因为在打气排球时时常会拍打到手臂中的三阳经与三阴经，不仅手指末梢神经会受到刺激，整个肢体动作的运行更进一步带动人体从头到脚全身肌肉协调性发展。打气排球能让神经系统更灵活，对精神不集中、神经衰弱者等亦可收到意想不到的调节效果。

5. 促进身体生长，提高弹跳力，修复脊椎，改善心肺功能。

气排球属于有氧运动，不仅能够锻炼爆发力、弹跳力，而且可以提高耐力，有助于肌肉生长。气排球的基本动作，如下蹲抬头，就像豹子一样时刻准备捕食，接球、跑动、扣球、防守等动作基本囊括了五禽戏里的动作，有助于脊椎的发育。中年人脊椎容易变形，经常打气排球可以自我修复，减轻对心脏和肺部肌肉的压迫，改善心肺功能。

6. 避免被动伤害，降低运动损伤。

因为有一网相隔，气排球冲撞减少，也就大大减小了发生运动损伤的概率。扣球时不使蛮力，要巧打，球的落点比力量更有杀伤力。同时，也会减少身体损伤。比赛前运动员准备活动要到位，至少热身15分钟后再上场，这样可以主动控制伤害。

7. 结交志趣相投的朋友，吸引众多粉丝。

经常举办气排球比赛，既锻炼了身体，又增进了队员之间的友谊，能结交到众多朋友。

8. 增强团队的合作能力，培养积极乐观的人生态度。

气排球比赛两局42个球，三局57个球，不是一个球就能够定输赢的。时间长了，选手学会了"放下""忘掉"，有的变得幽默，善于"自我解嘲"，相互间学会包容、理解、鼓励，遇到困难，大家一起努力。气排球让人变得洒脱、自信。